Êtes-vous fusionnel ou solitaire ?

Éditions Face-à-Face
481, Lac Saint-Louis Est
Saint-Zénon (Québec) Canada
J0K 3N0

Illustration de la couverture : Renlaf Graqh-Concept

Dépôt légal : troisième trimestre 1995
Bibliothèque Nationale du Québec
Bibliothèque Nationale du Canada

ISBN : 2-89465-000-0

IMPRIMÉ AU CANADA

Claire Reid

Êtes-vous fusionnel ou solitaire ?

Le nouveau couple

Éditions Face-À-Face

En vue d'alléger le texte, l'auteure emploie généralement le masculin pour désigner les femmes et les hommes.

TABLE DES MATIÈRES

Chapitre 5

Chapitre 6

INTRODUCTION

LE COUPLE EN MUTATION

Nos définitions du couple, de l'amour et des relations amoureuses sont en profonde mutation. À cet égard, les attentes des femmes et des hommes contemporains semblent tout à fait différentes de celles des générations précédentes.

Ébranlé par les vents du féminisme et de la révolution tranquille, le couple fondé sur les nécessités socio-économiques et sur une polarisation des rôles sexuels se meurt lentement. L'éclatement du couple traditionnel s'est manifesté par un nombre grandissant de séparations et de divorces, une plus grande permissivité sexuelle, la peur de l'engagement et l'éclosion de nouvelles formes d'unions.

À l'aube de l'an 2000, les demandes que nous adressons au couple et à l'amour se complexifient. Désirant cultiver l'autonomie nouvellement acquise par la perte des anciens modèles amoureux, on souhaite rencontrer un partenaire pouvant respecter notre individualité, apprécier notre différence et répondre à nos besoins vitaux de liberté et d'espace. Toutefois on espère également que ce partenaire puisse nous accompagner, nous soutenir et nous sécuriser dans les moments difficiles. En confiance absolue, on s'attend à pouvoir abaisser nos masques devant lui pour être reçu dans notre vulnérabilité.

Pour répondre à ces besoins, en apparence contradictoires, un nouveau modèle de couple est appelé à voir le jour.

> Le NOUVEAU COUPLE doit pouvoir nous donner l'espace suffisant pour satisfaire nos besoins individuels d'exploration, de liberté et de créativité tout en créant un lien intime dans nos besoins d'appartenance, de partage et de confiance.

En rupture avec les anciens modèles, le passage au NOUVEAU COUPLE se négocie difficilement. Malgré notre volonté de changement, toutes nos cellules gardent l'empreinte des réflexes appris depuis le berceau. Le modèle traditionnel légué par nos parents et la culture patriarcale nord-américaine nous colle à la peau. Il n'est pas facile de tourner la page à des siècles de conditionnement et les nouveaux modèles se font rares. Chacun expérimente à tâtons sur un territoire encore non balisé. Vue de l'extérieur, la rencontre amoureuse semble impossible. Les solutions proposées pour résoudre l'impasse nous laissent encore plus démunis et impuissants à trouver un terrain commun durable avec l'autre.

Sur la ligne de départ, nous sommes tous égaux pour la grande aventure du couple, mais peu nombreux à avoir bénéficié des conditions idéales pour jouir d'une vie affective pleine et équilibrée. La grande chaîne du conditionnement culturel et patriarcal nous a tous amputés d'une importante partie de nous-mêmes, nous enfermant dans une définition stéréotypée d'être un homme ou d'être une femme. Cette conception biaisée et partielle de l'être humain a instauré la grande coupure du masculin et du féminin en nous. Incomplet en soi-même, on ne peut être heureux dans ce manque, se sentant privé de l'énergie de l'autre pôle.

C'est une profonde quête de complétude qui motive notre recherche de l'amour, de l'autre qui porte notre polarité manquante. L'autre représente notre seule possibilité d'avoir accès à cette dimension désormais occultée en nous-mêmes. Fondé sur le manque de chacun, ce type de couple conduit cependant à une impasse. Après la fascination des premiers moments, nous sommes rapidement confrontés à notre impuissance à obtenir de l'autre ce qui nous fait tant défaut. Et pourtant, c'est justement sa différence, source de notre attrait pour lui, qui nous amènera à vivre autant de déceptions et de déchirements à ses côtés.

Ce modèle de couple fondé sur le manque en soi et la dépendance envers l'autre ne peut que mener à un cul-de-sac relationnel. On recherche à l'extérieur de soi quelqu'un qui puisse nous rendre heureux. Chacun compte sur l'autre pour lui garantir la satisfaction de certains de ses besoins primaires. C'est un contrat énorme pour le partenaire qui vit un manque aussi grand et dont les attentes à l'égard de l'autre se font tout aussi pressantes.

LE NOUVEAU COUPLE ET L'AMOUR

Pour sortir de l'impasse à laquelle nous confrontent nos relations amoureuses, il nous faut élargir nos définitions du couple et de l'amour, redéfinir nos rapports amoureux. Un regard nouveau sur la dynamique relationnelle nous laisse entrevoir l'aventure du couple sous un angle complètement différent.

La crise qui affecte nos relations amoureuses ne signifie nullement la mort du couple et de l'amour. L'impasse nous signale plutôt que notre conditionnement d'origine doit être transformé. Basé sur nos peurs et nos souffrances passées, ce programme de survie limite nos choix amoureux et notre capacité à créer et à maintenir des liens d'amour. Prisonnier de comportements répétitifs, on ne voit d'autres possibilités que de refermer son cœur pour se distancer toujours plus de l'amour et de l'intimité.

Notre incapacité à vivre harmonieusement nos relations amoureuses nous invite donc à une nouvelle étape de croissance. Ce processus de maturation affective devrait nous conduire à des relations amoureuses plus nourrissantes et satisfaisantes. Notre souffrance relationnelle est devenue si grande, qu'on semble mieux disposé à abandonner les scénarios douloureux du passé.

Le passage au NOUVEAU COUPLE ne peut se faire sans que chacun reconnaisse sa participation à la dynamique relationnelle. Plutôt que de vouloir faire porter à l'autre sexe la responsabilité de l'impasse, chacun accepte désormais de se regarder à travers le miroir de ses vieux conditionnements. À cause de sa nature intime et privilégiée, le lien amoureux nous ramène à nos carences et à nos besoins les plus primaires. Il nous confronte à nos blessures profondes. Attendre de l'autre qu'il comble nos besoins insatisfaits, qu'il répare ou panse nos blessures passées, constitue le grand piège de l'ancien couple. Le couple et la relation avec l'autre sont porteurs d'un immense pouvoir d'auto-guérison, de transformation personnelle et planétaire. À travers l'aventure du NOUVEAU

COUPLE, chacun accepte désormais de prendre l'entière responsabilité de guérir ses blessures.

> On ne peut aimer l'autre plus qu'on ne s'aime et ne s'accepte soi-même. Notre réceptivité à l'amour des autres est limitée par notre propre degré d'acceptation et d'amour de nous-mêmes.

Le lien amoureux devient ainsi l'école où l'on apprend à s'accepter et à s'aimer de façon inconditionnelle. Ce processus de transformation dans lequel on accepte de s'engager à travers le couple et la relation d'amour vise l'accomplissement de notre être global. Cette voie nous amènera à reprendre contact avec les forces vives de notre être, ces dimensions cachées qui constituent la source de notre véritable pouvoir et de notre bonheur.

CHAPITRE 1

L'ANCIEN COUPLE :

UN BILAN LOURD ET SOUFFRANT

L'univers de la relation amoureuse comporte de nombreux territoires. Certains nous sont plus familiers, parce que connus et déjà balisés. D'autres font l'objet de notre toute première exploration alors que plusieurs nous sont encore totalement étrangers. Pour s'aventurer dans ces contrées inexplorées, on doit se munir de cartes du terrain et souvent faire appel à des guides expérimentés. Les sentiers secrets qui mènent aux territoires du NOUVEAU COUPLE passent obligatoirement par l'exploration des grandes lois qui régissent l'ancien modèle de couple.

LA QUÊTE D'AMOUR

L'amour est l'expérience humaine la plus profonde et la plus intense qu'il nous soit donné de vivre. Si l'amour possède le pouvoir de nous faire monter au septième ciel, il a aussi celui de nous précipiter dans les abîmes de nos enfers personnels. De ce fait, l'expérience amoureuse exerce sur nous un indéniable pouvoir d'envoûtement. Sa force de saisissement nous désarme, nous oblige à nous soumettre, à rendre les armes. Par contre sa puissance phénoménale nous métamorphose aussi, nous rendant invincibles, flamboyants et intouchables. D'instinct, on pressent que le retour vers ce lieu de nos origines nous remettra en contact avec ces forces extrêmes qui nous habitent.

L'expérience amoureuse représente la quête la plus universelle. Motivés par un besoin évolutif de complétude et d'unité, tous les humains partent un jour à sa recherche, de façon consciente ou inconsciente. Dans cet univers de lutte et de souffrance, l'amour serait un puissant rappel de la chaleur et de la sécurité du sein maternel, du lien de symbiose à la mère. Refuge contre la solitude existentielle, il répondrait au besoin fondamental de fusion et d'intimité avec un autre être humain. Sur le plan spirituel, la recherche de l'amour symboliserait cette nostalgie de l'Unité perdue lors de la descente dans la matière alors que l'Esprit s'est densifié pour devenir corps. L'amour serait l'archétype universel recréant l'état de totalité de nos origines. La relation avec l'autre représente un défi, un autre univers à explorer, de nouveaux territoires à découvrir. Dans cette perspective, l'amour serait un puissant appel à l'expansion de notre être, au dépassement de nos limites connues.

Si l'expérience de l'amour nous fascine, son intensité émotive nous terrorise, également. C'est son pouvoir de fascination qui nous rend ouverts et disponibles à l'autre et qui nous fait prendre des risques. Enfin, on s'abandonne à cette force de l'autre qui désarme et on accepte de se perdre dans son univers. Cette puissance du sentiment amoureux nous confronte aussi à nos peurs et nous met en état de fuite, sinon de fermeture devant l'autre. Par tous les moyens possibles, nous tentons de résister à ce raz-de-marée dont la force menace de nous absorber et de détruire nos fragiles assises.

LES MULTIPLES VISAGES DE L'AMOUR

Tel un joyau précieux, l'amour se présente à nous sous de nombreuses facettes. À la base de notre quête d'amour se profile la notion d'incomplétude, de coupure et de séparation. Pour mieux cerner l'origine du manque qui motive notre désir de l'autre, il convient de faire une courte rétrospective des besoins fondamentaux de l'être humain.

Afin de s'épanouir et d'être en harmonie avec la totalité de son être, l'humain doit répondre à trois grandes catégories de besoins.

1. La première catégorie est un rappel du lien primordial à la mère et concerne nos *besoins d'attachement*[1]. Le besoin que l'on éprouve d'être relié aux autres, surtout d'être reçu et sécurisé par un lien privilégié d'amour inconditionnel, nous pousse à recréer la fusion primitive où le petit être est totalement pris en charge par un autre. Étant encore indifférencié, je suis l'autre. Imprégné de son énergie, j'emprunte son identité comme première définition de moi-même. Cette immersion dans l'univers énergétique de la mère est associée à l'ouverture, à la réceptivité et à la vie intérieure, caractéristiques liées au monde de la féminité.

2. La deuxième catégorie de besoins a trait à nos *besoins d'exploration et d'affirmation*. Ils découlent de la distance que l'on doit prendre pour se différencier,

couper le cordon symbolique reliant à la mère et voler de ses propres ailes. Pour l'individu, cette étape correspond à sa mise au monde au plan psychologique. Pour se définir comme sujet autonome et tester nos limites, on a besoin d'être séparé et libre. Pour être à même d'identifier mes propres perceptions et mes ressentis, pour découvrir mes façons de penser et d'agir, je dois me distancer physiquement et émotivement. L'énergie qui pousse à amorcer ce détachement de la mère pour assumer sa propre existence est associée à la polarité masculine qui met à distance, contrôle et structure[2].

3. La troisième catégorie se rapporte aux *méta-besoins*[3]. Pour s'accomplir et se réaliser pleinement, l'être doit répondre à cette autre série de besoins puisqu'ils transcendent et englobent ceux des deux autres catégories. Pour contacter notre vrai pouvoir et actualiser notre créativité d'être, on a besoin de l'énergie de synthèse de notre Soi[4]. Le Soi représente le symbole et l'archétype de notre unité, de notre complétude. L'incarnation et la densité des vibrations de la matière voilent notre véritable identité, nous faisant oublier nos origines cosmiques. Dans le voyage intérieur nous ramenant vers notre Source, les limites individuelles sont dépassées et le sentiment de séparation disparaît. On accède aux énergies du Soi quand on intègre et harmonise en soi-même ses polarités masculine et féminine. Par cette troisième naissance, l'être est appelé à transcender son état de dualité pour réaliser son mariage intérieur[5].

Trois types de relations découlent de ces niveaux de besoins fondamentaux. Nos besoins de connexion donnent naissance à notre capacité d'être en *relation avec l'Autre*. Nos besoins d'autonomie et de liberté sont à la base de la *relation avec le Moi*, alors que nos besoins de transcendance vont définir la *relation avec le SOI.*

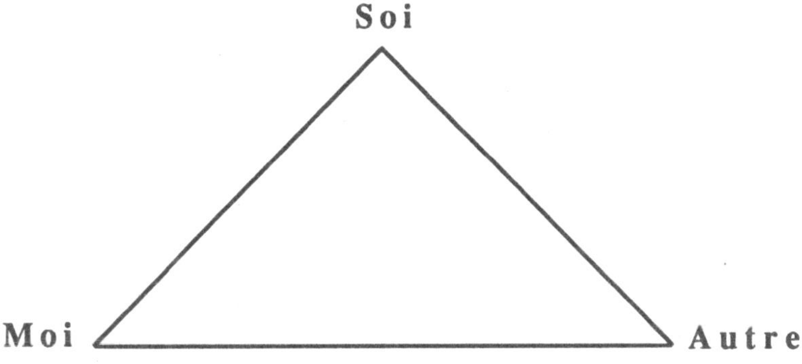

***Tableau 1** : Les niveaux relationnels de l'être humain*

Ces trois niveaux relationnels forment la grande matrice de la Vie et autant d'étapes évolutives vers l'accomplissement de notre être global. Répondre aux besoins reliés à chacun de ces trois pôles est essentiel à l'équilibre individuel et relationnel. La personne harmonisée et mature peut satisfaire tous ces niveaux de besoins en elle-même. Cependant, quand le processus de séparation-individuation [6] est inachevé ou mal vécu, l'individu adopte une position de survie en s'identifiant à l'un des pôles de base ayant difficilement accès à l'énergie de l'autre.

F Le FUSIONNEL [7], individu que l'on peut qualifier de sur-dépendant, est ainsi resté accroché au pôle de la *relation avec l'autre*. Sa peur d'être abandonné

F motive son besoin de rapprochement. Sans l'autre, il n'existe pas. Il se vit à travers lui. Il a besoin de ce lien rassurant pour se sentir sécurisé, complet et heureux. Il est prêt à tout pour être aimé. Gentil, serviable et aimable, il s'oublie pour préserver sa relation avec l'autre.

Le lien qu'il entretient avec *son Moi* est quasi inexistant ou très négatif. Son estime de lui-même est très faible. Sans l'autre, il se sent vide et angoissé. La solitude le fait paniquer. Il aura l'impression que sa vie ne vaut pas la peine d'être vécue s'il n'est pas en union profonde avec quelqu'un.

Il a aussi perdu le contact avec les *énergies du SOI* car il sacrifie sa créativité d'être et son autonomie à ses besoins de sécurisation et de prise en charge. Croyant se réaliser à travers l'autre, il l'investit du pouvoir de son énergie de synthèse. Toutes ses énergies vives sont ainsi canalisées à faire le bonheur de l'autre et à assurer sa réussite.

S Cristallisé dans la position contraire, le SOLITAIRE [7] est un anti-dépendant qui nie ses besoins d'attachement au profit de sa *relation avec le Moi.* Comme il a peur de se perdre et d'être englouti dans ses contacts avec les autres, il s'organise pour ne pas avoir besoin d'eux. Ayant une image positive de lui-même, il semble autonome de l'extérieur. Souvent coupé des sensations de son corps afin de ne rien ressentir, il a besoin d'action et de mouvement pour éviter le contact troublant de son univers émotionnel.

Dans sa *relation avec l'Autre,* le SOLITAIRE a besoin d'espace et de distance. Il a peur de l'intensité émotive et il maintient l'autre à distance pour préserver

S son équilibre intérieur. Il érige des frontières très étanches pour empêcher ce rapprochement menaçant. À cet effet, la colère devient son arme préférée.

La relation avec le Soi lui est impossible car il est toujours en état de contrôle et ne peut lâcher prise. Prisonnier de son univers mental, il ne peut s'ouvrir à ses canaux d'intuition qui vibrent sur la bande du corps émotionnel, dont il s'est coupé.

La connexion au *Soi* est tout aussi absente chez le FUSIONNEL que chez le SOLITAIRE. Privé de l'énergie d'une polarité de base, chacun se coupe d'une importante dimension intérieure, rendant impossible l'ouverture aux énergies du Soi, lesquelles représentent l'harmonie et la synthèse de toutes les potentialités d'être.

SE COMPLÉTER À TRAVERS L'AUTRE

Prisonniers de l'énergie d'un seul pôle, le FUSIONNEL et le SOLITAIRE vont chercher à s'équilibrer et à se compléter par le choix d'un partenaire portant l'énergie de leur polarité non reconnue. C'est d'ailleurs cette projection de leur pôle inconscient sur l'autre (polarité dormante) qui forme la base de l'attrait qu'ils éprouveront mutuellement.

> Selon les lois du magnétisme amoureux, je serai attiré par quelqu'un possédant une solide expertise du domaine que je n'ai pas encore réussi à développer en moi-même (celui dont je me suis coupé).

À cause de leurs décisions de survie de l'enfance, le FUSIONNEL et le SOLITAIRE ont surdéveloppé toute une dimension d'eux-mêmes derrière laquelle ils camouflent et protègent leurs aspects plus fragiles. Cette vulnérabilité représente les émotions qui nous font peur, les facettes de nous-mêmes jugées inacceptables, laides ou méchantes et qui font honte. C'est toute cette partie sombre, que la psychologie jungienne appelle «l'ombre»[8] qui est chargée du matériel avec lequel, enfant, il nous a été impossible de négocier.

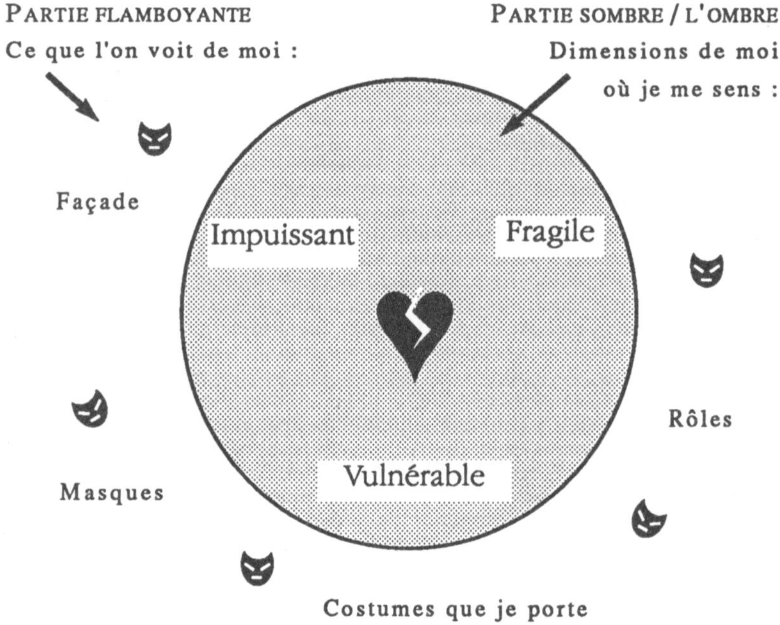

Tableau 2 : Protéger sa blessure d'amour

Ces forces développées avec brio depuis l'enfance nous assurent d'obtenir l'amour des autres tout en servant d'écran protecteur à notre cœur blessé. Gardiens de notre souffrance, ces masques que l'on affiche en façade, à l'extérieur, sont à l'opposé de ce que l'on cache à l'intérieur, de ce que l'on cherche à protéger. Le leurre est quasi parfait et la couverture de protection, maximale.

LES MASQUES DE FORCE DU SOLITAIRE

Les masques de force du SOLITAIRE se greffent tous autour du pôle de la relation au Moi.

- Il a développé une grande autonomie extérieure. Il semble n'avoir besoin de personne. Il lui est d'ailleurs difficile de demander; il peut très bien se débrouiller seul. À la limite, il ne veut pas avoir besoin des autres.

- Il n'est pas une personne de concession et de coopération. Individualiste, il voudra plutôt prendre le leadership. C'est un meneur d'idées, du savoir-faire. Il aime prendre et garder le contrôle.

- Doté d'une intelligence rationnelle, il possède un grand potentiel d'analyse et de structure. Il a un sens de l'organisation très développé.

- Le SOLITAIRE aime les défis. Il possède une force de volonté qu'il est capable de canaliser dans l'atteinte d'objectifs précis. Loin de l'arrêter, les obstacles stimulent son esprit de combativité et sa détermination. Il recherche la compétition.

- Il vit beaucoup dans le futur. Il est toujours engagé dans des projets à long terme qui le stimulent et rehaussent son estime de lui-même. Toujours plus loin et plus vite : l'action et le mouvement le passionnent, il en a un besoin vital.

- Le SOLITAIRE a constamment besoin de nouveauté. Il est très patient pour le long terme, mais la répétition du quotidien et la routine l'assomment. Il s'y ennuie mortellement.

- Il jouit d'un haut niveau d'estime de lui-même. Il semble être sans peur. Conscient de son pouvoir personnel, il prend sa place, sait s'affirmer.
- Il jouit d'une grande facilité à fixer ses limites et à les faire respecter. Il sait utiliser son agressivité pour faire valoir ses droits et ses points de vue. Il tient à ses idées.
- Le paraître est très important pour lui. Il aime qu'on le regarde et qu'on l'admire. À cet effet, il s'organise pour être le plus beau, le plus brillant, le plus riche ou le plus savant. Il veut être le meilleur partout. S'il ne croit pas à ses chances de gagner, il préfère se retirer de la compétition, car il a horreur de perdre.

Derrière cette force colossale, le SOLITAIRE cache son univers de *fragilités et d'impuissances* dont le noyau se concentre dans le pôle de la relation avec l'Autre.

La vie affective et relationnelle lui fait peur. Au niveau émotionnel, il doute beaucoup de lui-même. Comme il est souvent coupé de son corps et de ses propres sens, il éprouve de la difficulté à faire confiance à ses ressentis et à ses intuitions. Loin de son propre univers émotionnel, il se sent totalement impuissant devant les émotions des autres; désemparé, il cherchera plutôt à rationaliser ou à donner des conseils. Il a du mal à faire confiance aux autres : ils sont différents de lui, donc imprévisibles. Il a refoulé au plus profond de lui-même sa tristesse et sa peine. Il est donc peu en contact avec ces émotions. D'ailleurs, il a une peur viscérale de «perdre la face» ou de se montrer faible. Il ne peut se permettre de ne pas maîtriser la situation.

Les besoins d'union du SOLITAIRE sont enfouis aux tréfonds de son être. Vouloir être sécurisé ou reçu, ne semble pas faire partie de son vocabulaire. Le SOLITAIRE y voit plutôt une forme de dépendance ou de soumission à l'autre, ce qui lui répugne au plus haut point. Il a alors l'impression de se départir de son pouvoir et de ne plus exister.

LES MASQUES DE FORCE DU FUSIONNEL

Les masques de force du FUSIONNEL tournent autour du pôle de la relation avec l'Autre. Il voit ses forces et ses habiletés graviter autour de sa vie affective et relationnelle.

- Très près de son corps, de ses ressentis et de son imaginaire, sa vie intérieure est d'une grande richesse et d'une extrême importance.
- Il éprouve un profond besoin de liens avec les autres. La solitude lui fait peur. Il a besoin de la présence des autres dans sa vie. Il évite les conflits.
- Très sociable, il lui est facile d'entrer en relation avec les autres. Dans ses interactions, il se dévoile rapidement et, s'il se sent reçu, il accorde facilement sa confiance.
- Doté d'une grande sensibilité, il vibre facilement aux émotions des autres. Il comprend ces derniers et se sent très près d'eux. Soucieux de leur bien-être, il va s'attirer leurs confidences. Quand il se sent blessé, il se referme comme une huître et peut garder rancune.
- Intuitif, la richesse de son imaginaire l'amène souvent à être idéaliste et visionnaire. Il crée le monde dans ses rêves mais a beaucoup de difficultés à passer à l'action.

– C'est un être d'intensité et de passion qui a besoin de la force du moment pour se sentir vivant.

– Sa motivation pour l'action est reliée à ses émotions, à ses ressentis du moment. Il aime ou n'aime pas. Il éprouve de grandes difficultés à se motiver pour le futur par trop grand besoin de gratifications immédiates. Même s'il bénéficie d'un grand potentiel d'énergie pour démarrer ses projets, il est porté à se décourager devant les obstacles et le long terme.

– Il est sécurisé par la répétition et la routine extérieure; il compense ainsi les fluctuations de ses émotions.

– Son corps dégage une belle sensualité et une grâce naturelle. Il sait comment charmer et séduire son entourage. D'ailleurs sa spontanéité et sa naïveté contribuent à accentuer son charme.

La sensibilité et la sociabilité du FUSIONNEL camouflent bien ses *grandes fragilités* qui se focalisent dans le pôle de la relation avec le Moi. Il éprouve des difficultés à s'affirmer et à être autonome.

Totalement centré sur l'autre et sur ses besoins d'attachement, le FUSIONNEL lui sacrifiera ses propres besoins d'autonomie et de solitude. Seul, il a l'impression de ne pas exister. Il se sent complètement perdu s'il ne peut être alimenté par un contact profond avec l'autre. La solitude le fait paniquer. Son estime de lui-même est très fragile. Dépendant du regard et de l'appréciation des autres, l'absence d'intérêt de ces derniers le dérange beaucoup et leurs critiques le démolissent.

Dans ses relations avec les autres, il éprouve de la difficulté à délimiter ses propres frontières et à prendre sa place. Sur le plan émotionnel, il se perd de vue, ne sachant plus très bien distinguer ce qui est à lui et ce qui appartient à l'autre. Il est comme une éponge. Trop ouvert, vulnérable, il éprouve de la difficulté à se protéger, à prendre la distance dont il aurait besoin.

Il lui est également très difficile de manifester son désaccord ou sa colère. Il a peur de déplaire et de perdre l'amour des autres. S'il choisit l'autre c'est par peur de le perdre ou de rompre son lien d'intimité. C'est souvent contre lui-même qu'il retourne son agressivité en se culpabilisant. Il utilise cette énergie pour s'en vouloir, se juger, se dévaloriser à ses propres yeux. D'ailleurs, il a peur de son agressivité car il doute qu'on puisse continuer à l'aimer s'il se permet d'être lui-même, jusqu'au bout. La colère qu'il réprime lui fait peur.

LA FASCINATION DES MASQUES

Dans les premiers moments, l'expérience amoureuse est une fascination mutuelle. «Tomber en amour», c'est d'abord être séduit par l'éclat de la façade de l'autre. C'est être ébloui par la brillance de ses masques. On reconnait soudainement en l'autre tout ce qui semble nous manquer. On est fasciné par ses forces qui sont un rappel positif de nos faiblesses et de nos vulnérabilités.

Quoique souvent inconsciente, cette reconnaissance mutuelle est à la source de l'intensité réveillée en nous par l'expérience amoureuse.

> L'autre est le miroir de tous mes possibles. Je me mire dans ses yeux. Je dis souvent que je l'admire, mais c'est ma propre beauté à naître que je contemple en lui.

Il est le miroir de mon pouvoir à libérer, de mon potentiel à actualiser. L'autre réveille et réactive mes forces latentes ou oubliées. Les sentiments d'unité et de complétude que j'éprouve en sa présence découlent de l'activation de toutes ces énergies en moi.

Avec lui, je me sens complet et unifié, sa différence me comble.

Dans cette phase de l'amour magique, on échange nos côtés flamboyants. En contact avec la façade de l'autre, on vibre très fortement à ce qu'il réveille de positif en nous. C'est une période d'idéalisation et d'admiration mutuelle. On ne veut voir de l'autre que l'image qui correspond à notre fantasme amoureux, à notre besoin de nous compléter à travers ses forces.

F Sur le plan affectif, le FUSIONNEL n'est pas en contact avec les énergies de sa polarité masculine, avec ses propres besoins d'exploration, de distance et d'affirmation. À cause de ce manque, il admire l'autre pour ses habiletés sur ce plan, comptant sur lui pour combler son déséquilibre intérieur.

À cause de son état de séparation intérieure, le FUSIONNEL ne peut se reconnaître dans l'énergie de sa polarité masculine. Ce sont les forces toujours inconscientes de son pôle masculin qu'il projette alors sur son partenaire. L'état amoureux se définit à partir de cette projection quelquefois consciente et presque toujours inconsciente des partenaires en présence.

S Démuni dans l'univers de sa polarité féminine, le SOLITAIRE choisit et admire son partenaire pour sa relation avec le monde intérieur : son senti, son ouverture émotionnelle et sa capacité de contact profond avec les autres. Par son lien amoureux, le SOLITAIRE aura l'impression d'atteindre un certain équilibre en lui-même.

> Dans son expérience primitive de la séparation, le SOLITAIRE s'est coupé de l'énergie de son pôle féminin. Incapable d'avoir accès aux ressources de sa propre polarité féminine, il les reconnaît cependant chez son partenaire. En investissant ainsi sur l'autre, il espère refaire son unité intérieure.

Incapables de trouver leur complétude en eux, les partenaires dépendent l'un de l'autre pour s'apporter ce qui leur manque. Comme ils se rendent mutuellement responsables de combler ce manque, ils seront excessivement déçus quand l'un ne pourra répondre aux attentes de l'autre. Dans ces conditions précaires, aucun des deux n'a intérêt à ce que l'autre change. Chacun se sentira alors amputé de toute une partie de lui-même, de la dimension intérieure à laquelle l'autre lui permettait de s'ouvrir et de vibrer.

La relation à soi-même fondée sur le manque confine à un système de couple fermé. Prisonnier d'une de dépendance mutuelle, les partenaires se voient graduellement perdre leur pouvoir, leur autonomie et, surtout, leur estime de soi.

Dans notre culture «guerrière», l'autonomie est souvent définie comme la capacité de fonctionner tout seul, de pouvoir se passer des autres et, à la limite, de n'avoir besoin de personne. Partant d'une vision plus globale, on peut la décrire comme la capacité d'avoir accès aux ressources de ses deux polarités pour arriver à les exprimer et à les manifester dans toute leur force. Par conséquent, la dépendance peut être définie comme étant l'état d'une personne qui, privée de l'énergie d'une de ses polarités, se voit forcée d'aller la puiser chez quelqu'un d'autre, pour assurer son propre équilibre.

> Dans l'ancien modèle de couple, une relation de co-dépendance s'établit entre les partenaires. En état de sur-dépendance, le FUSIONNEL nie toujours ses besoins d'éloignement. Il consent cependant à les vivre par personne interposée, à travers l'énergie de son amoureux. Allergique au lien de dépendance, le SOLITAIRE n'a toujours pas reconnu ses propres besoins de rapprochement. Il utilise également l'énergie de son partenaire amoureux pour se permettre d'avoir accès à cette dimension cachée de son être. Sur les plans conscient et inconscient, chaque partenaire se nourrit ainsi de l'énergie de l'autre.

DES CONDITIONS À L'AMOUR

La relation fondée sur le manque en soi et la dépendance envers l'autre ne peut donner naissance qu'à une relation d'amour conditionnel. À la base du contrat inconscient que les partenaires concluent entre eux, on retrouve les attentes et les besoins de chacun dont la satisfaction est aussi conditionnelle à leur amour.

Pour me sentir **en sécurité** j'ai besoin :

LE SOLITAIRE

- que tu me laisses ma liberté;
- que tu me donnes beaucoup d'espace;
- que tu ne m'emprisonnes pas.

LE FUSIONNEL

- que tu restes avec moi;
- que tu te rapproches physiquement;
- que tu me consacres ton temps et ton attention.

Pour me sentir **en relation** j'ai besoin :

LE SOLITAIRE

- que tu m'excites;
- que tu me donnes ton corps, ton sexe;
- que tu me laisses te prendre;
- que tu te soumettes à mes désirs et à mes fantasmes.

LE FUSIONNEL

- que tu sois romantique;
- que tu me donnes de la tendresse;
- que tu me donnes des preuves d'amour;
- que tu me fasses vibrer.

Pour me sentir **valorisé** j'ai besoin :

Le SOLITAIRE —
- que tu te soumettes à mes demandes;
- que tu partages mes points de vue;
- que tu sois d'accord avec mes idées;
- que tu te sacrifies pour moi;
- que tu me laisses diriger la relation.

Le FUSIONNEL —
- que tu prennes soin de moi;
- que tu me dises que je te suis indispensable;
- que tu me dises que tu m'apprécies;
- que tu reconnaisses tout ce que je fais pour toi.

Le FUSIONNEL et le SOLITAIRE se situent aux extrémités opposées d'un continuum relationnel allant du *nous* au *je*. Comme ils partent de pôles différents pour tenter de se rejoindre, leurs attentes seront à la fois opposées et complémentaires.

F Davantage en contact avec ses besoins de rapprochement et de contact, le FUSIONNEL manifeste de grandes attentes à ce niveau. Ses demandes gravitent, en effet, autour de la disponibilité physique et émotionnelle. Il a besoin de beaucoup de temps pour échanger et se nourrir d'un «corps contre corps» dont il se languit. Si son partenaire SOLITAIRE peut lui assurer une satisfaction minimale

F de ces besoins, le FUSIONNEL est davantage prêt à faire le compromis de respecter les besoins d'éloignement de l'autre.

Habité par son vide et ses manques affectifs, le FUSIONNEL est très peu conscient de ses propres besoins d'exploration et de distance. Fasciné par l'autre qui les porte pour lui, c'est à travers son partenaire SOLITAIRE qu'il aura l'impression de les vivre.

S Le SOLITAIRE qui a besoin d'espace et de liberté, doit aussi se résigner à quelques compromis. S'il consent à partager avec l'autre des moments privilégiés d'intimité, il voudra être respecté dans ses demandes de temps, en dehors du couple. Ainsi, il aura besoin de distance physique pour rencontrer ses amis, pratiquer ses sports et loisirs préférés ou encore travailler à sa réussite sociale et professionnelle. Cet espace est essentiel à son bien-être personnel et à sa survie. Peu conscient de ses manques affectifs, il compensera en vivant à travers l'autre ses besoins de rapprochement et d'intériorité.

F À cause de cette polarisation de base, le FUSIONNEL et le SOLITAIRE se reconnaissent des zones de forces qu'ils vont assumer pour le couple. Son expertise des besoins d'attachement fait du FUSIONNEL le gardien du pôle du *nous*. Responsable de la vie affective du couple, il porte et exprime ces besoins pour les deux partenaires. En raison de l'extrême sensibilité du FUSIONNEL sur ce plan, le SOLITAIRE aura rarement la chance d'entrer en contact avec ces besoins en lui-même, se voyant toujours devancé par les manques de son partenaire.

S Le SOLITAIRE, axé sur le pôle du Moi, sera le porte-parole et le défenseur des besoins d'éloignement de chacun des partenaires. Comme il ne peut rester longtemps dans l'univers du *nous*, il aura rapidement envie de s'en éloigner et de revenir à son univers personnel. Ses besoins, sur ce plan, sont si grands qu'ils vont précéder de loin les demandes que le FUSIONNEL pourrait exprimer à cet effet.

C'est par le biais de ces ententes inconscientes que les partenaires assurent leur équilibre personnel et celui de la dyade relationnelle. Par personne interposée, chacun accède à l'ensemble du continuum *nous / je*, répondant ainsi à ses besoins premiers de développement. Toutes les interactions du couple seront régies par ce contrat inconscient établi entre eux.

Les termes de l'entente sont assez faciles à respecter dans la phase d'idéalisation mutuelle alors que le vrai visage de l'autre est encore voilé et que chacun tente de préserver sa vision de l'autre comme partenaire idéal. Dès que la relation s'approfondit, les façades et les masques ne peuvent plus résister au poids du quotidien et tombent. Le regard que chacun porte sur l'autre change alors de façon radicale.

SATISFAIRE SES BESOINS DE BASE

La relation amoureuse n'est jamais statique. Quantité d'informations circulent entre les partenaires sous forme d'attentes, de désirs, de besoins exprimés et plus souvent non dits. Ces mouvements de la relation sont décrits en termes de danse de l'intimité [9] ou de tango de l'amour. Dans le quotidien du couple, ces échanges relationnels sont loin de posséder tout le charme que ces termes suggèrent. On peut les voir comme un cycle de poursuite et de fuite, une danse infernale dans laquelle les partenaires luttent désespérément pour obtenir la satisfaction de leurs besoins respectifs.

F Le premier mouvement de ce cycle est souvent amorcé par le FUSIONNEL en déficit qui désire obtenir toute l'attention de l'autre et sa complète disponibilité physique et affective. En quête de son approbation, de sa complicité constante et de ses compliments, il lui réclame de continuelles preuves d'amour. Ses demandes pourraient se résumer par la phrase : «Prends soin de moi car je suis si petit et tellement fragile.» Son besoin de l'autre semble sans limites mais ses demandes, souvent inconscientes, sont rarement claires et directes. D'ailleurs, il déteste quémander car il croit que son amoureux devrait être capable de deviner ses besoins. Comme ce n'est pas toujours le cas, il se sentira souvent malheureux, rejeté ou abandonné et le manifestera par des pleurs, de la bouderie ou du ressentiment.

S La réaction du SOLITAIRE ne tarde pas à se manifester. Inconsciemment, il perçoit l'énormité de la demande d'amour de l'autre et surtout la menace qu'elle représente pour son besoin vital de liberté. Les attentes du FUSIONNEL l'obligent à revenir dans le monde des émotions, dans cet univers du *nous* et de l'intimité où il se sent pris au piège, terriblement impuissant. Il a cependant besoin de son partenaire. Il se retrouve coïncé entre sa peur de l'intimité et son besoin inconscient de rapprochement. Cette ambivalence l'insécurise et lui fait vivre une grande anxiété. Incapable de cerner les résistances et les peurs à l'origine de son malaise, il tentera de réduire

S son conflit intérieur en étant présent physiquement et sexuellement mais absent émotivement ou encore en prenant davantage de distance physique.

F Le FUSIONNEL réagit violemment à ce retrait physique ou affectif du SOLITAIRE. Insécurisé par ce qu'il interprète comme un signe de non-amour, il se sent rejeté et abandonné tout en éprouvant une grande impuissance à retenir l'autre ou à obtenir que celui-ci se rapproche davantage. Désespéré, il pourra projeter sur son partenaire cette rage impuissante qui éclatera en colère.

S Devant cette charge émotive, le SOLITAIRE ne verra d'autre alternative que de sauver sa peau en s'éloignant davantage, ce qui insécurisera encore plus le FUSIONNEL qui réagira en faisant de nouvelles demandes de rapprochement.

Ce cycle de réactivité élimine toute possibilité de rencontre entre les partenaires puisqu'aucun d'eux n'est assez en sécurité pour accepter librement de répondre aux besoins de l'autre. En effet, ces heures précieuses de proximité physique et affective, alors consenties par le SOLITAIRE, sécuriseront temporairement le FUSIONNEL qui recevra sa dose minimale pour continuer à investir dans la relation. Cependant, par réflexe de survie, dans les jours suivants, le SOLITAIRE aura besoin de reprendre ses distances pour négocier avec l'intensité des émotions réveillés en lui par ce rapprochement. Après ces brèves retrouvailles, le FUSIONNEL ressentira cet éloignement comme un nouvel abandon, une menace de rupture du lien. Et le cycle de réactivité s'enclenchera de façon automatique !

INSATISFACTIONS, PLAINTES ET REPROCHES

F En observant ce cycle de réactions de survie du FUSIONNEL et du SOLITAIRE, on peut facilement définir le terrain sur lequel se bâtira leurs mésententes. En manque d'intensité positive, le FUSIONNEL reste constamment sur sa faim affective comme l'exprime avec justesse la chanson de Laurence Jalbert « *je suis toujours en manque de toi* ». Il aura l'impression d'être à la diète, ne recevant que des miettes, des restes d'amour. Ses plaintes se résument par la phrase «Tu ne me donnes pas assez» pas assez de temps, pas assez de présence, pas assez de chaleur, pas assez d'écoute, pas assez de complicité. Il est déçu du manque de l'autre, manque de disponibilité, de son égoïsme, de ses fuites et de son désintéressement qu'il décode comme un manque d'amour. Dans un premier temps, il assume toute la responsabilité de son malheur. Comme il a souvent honte de ses besoins, il se tait et essaie d'en faire encore plus pour attirer l'attention de son partenaire.

S Le SOLITAIRE reproche surtout à l'autre de n'être jamais satisfait. «Tu es trop exigeant» et «Tu n'es jamais content» sont ses plaintes les plus courantes. Et il protège son besoin de liberté par des gestes concrets qui veulent dire à l'autre : «Fous-moi la paix, laisse-moi respirer! Jamais tu n'auras ma peau». S'il hésite à se rapprocher et surtout s'il n'en éprouve pas le désir, c'est que l'autre lui semble trop collant, trop demandant, trop exigeant et trop facilement déçu.

NOS BESOINS : LES GARDIENS DE NOS PEURS

Ces scénarios de fuite et de poursuite mettent en évidence les grandes peurs qui sous-tendent les besoins des partenaires.

F Ainsi, le FUSIONNEL ne peut accepter l'éloignement physique de l'autre qui lui est un rappel inconscient de la douleur de la séparation et de la coupure physique et affective qui s'ensuit. Il associe le fait d'être tenu à distance par l'autre à des souvenirs douloureux et cette situation angoissante réveille ses peurs du rejet et de l'abandon. Pour éviter d'être remis en contact avec ses émotions douloureuses, il a besoin de la présence aimante de l'autre. Quand son amoureux se détourne ou s'éloigne, il a peur d'être basculé dans ce gouffre émotionnel. S'il en veut alors à l'autre de lui faire vivre cet enfer, c'est à lui-même qu'il s'en prend pour être si dépendant. Il éprouve un tel besoin de ce lien d'amour, qu'il n'ose lui exprimer directement ni son besoin criant, ni son ressentiment, de peur de le perdre.

S Ce sont aussi les peurs du SOLITAIRE qui sont à l'origine de ses besoins d'éloignement. Celui-ci est très insécurisé par les besoins de rapprochement et d'intimité du FUSIONNEL. L'intensité et l'ouverture de ce dernier menacent de réveiller les émotions qu'il tente désespérément de fuir en étant continuellement dans l'action. Toutes ses angoisses d'être à nouveau englouti et envahi dans le *nous* refont surface. La distance physique et émotive qu'il prend sert à le distraire du réveil des émotions lourdes de son univers inconscient.

QUAND LA DIFFÉRENCE SE FAIT MENAÇANTE

Nos fantasmes et nos grands rêves d'amour sont mis à rude épreuve lorsqu'ils sont soumis au défi du quotidien et de la vie commune. Ainsi, tôt ou tard dans le temps, le couple se verra forcé d'entrer dans l'étape pénible où la magie de l'amour s'évanouit. Il n'y a pas de moment précis pour vivre ce désenchantement, mais lorsqu'il survient, l'un des partenaires n'arrive plus à maintenir son masque flamboyant et dévoile à l'autre son côté sombre.

DE L'AUTRE CÔTÉ DU MIROIR

À cette étape cruciale de la relation, on découvre l'autre dans sa vulnérabilité. Le voir ainsi à nu, derrière la force de sa façade, insécurise et porte à la panique.

F Pour le FUSIONNEL amoureux, l'autre est un dieu qu'il idolâtre. Il attend tout de lui. Comme il a besoin de l'admirer pour se sentir amoureux, il refuse souvent de le voir derrière son masque. Sa désillusion est alors grande quand il découvre que l'autonomie du SOLITAIRE camoufle son manque de confiance dans les autres et son incapacité à demander de l'aide. Il voit maintenant que la détermination qu'il admirait chez lui ressemble plutôt à de l'entêtement et du repli sur soi. Son esprit rationnel et structuré qui le sécurisait tant n'est en fait qu'une négation de son côté intuitif par son grand scepticisme et son besoin de tout prouver. Le FUSIONNEL est amèrement déçu et en colère, se sentant dupé et trahi par l'autre en qui il avait entrevu le gage de son bonheur.

S Le désenchantement du SOLITAIRE paraît moins spectaculaire parce que ses attentes relationnelles étaient moins élevées. En effet, il était à la recherche d'une relation tranquille, pas trop impliquante, lui permettant de conserver sa liberté tout en satisfaisant ses besoins de rapprochement. Par contre ses découvertes sur l'autre le confrontent également à ses peurs. En plus d'être menacé dans ses besoins de liberté, les fréquentes déceptions et désillusions du FUSIONNEL réveillent ses sentiments de culpabilité et son agressivité. Sa vision de l'autre se modifie. Derrière le masque de sa grande sociabilité, il découvre le petit enfant fragile qui a toujours besoin d'être entouré, tellement il a peur de se retrouver seul. Il réalise que cet être démonstratif et exubérant, qu'est le FUSIONNEL, camoufle une grande impulsivité et un manque de maîtrise émotionnelle. Derrière sa bonhomie et sa grande disponibilité se cache un être indécis qui a de la difficulté à délimiter ses frontières et à savoir ce qu'il veut.

À cette étape, le nouveau visage de l'autre déroute et déconcerte. On ne reconnaît plus les masques sécurisants de celui qui nous avait attirés. L'ayant déshabillé de nos projections positives, c'est maintenant à travers le filtre sombre de nos projections négatives, de notre ombre et de nos peurs, que nous le percevons. Ce que nous voyons en lui nous insécurise alors beaucoup car cette énergie nous remet en contact avec ces parties de nous-mêmes où nous nous sentons moches, très vulnérables et extrêmement fragiles. La vision négative de l'autre nous fait basculer dans notre enfer personnel.

Il est bien évident que nous serons incapables de recevoir notre partenaire dans ces aspects que nous jugeons en nous totalement inacceptables et inavouables. Toutefois, ayant depuis longtemps perdu le contact avec ces dimensions intérieures, nous ignorons que ce qui nous dérange tellement chez l'autre nous appartient aussi. Quand la différence de l'autre devient menaçante, l'idéalisation mutuelle cède la place à la désillusion. Perdre ses illusions nous bascule dans notre souffrance et réveille nos vieux réflexes de survie, ces mécanismes inconscients qui nous protègent de nos peurs et nous évitent de souffrir.

LE RÉVEIL DES MÉMOIRES DOULOUREUSES

Dans la vision du partenaire idéal, l'autre doit être capable de répondre aux besoins essentiels d'intimité et d'attachement pour le FUSIONNEL, d'espace et de liberté pour le SOLITAIRE. Or l'incapacité de notre partenaire de répondre à ces besoins primaires fait naître, en nous, un profond sentiment d'impuissance. On se retrouve coïncé entre notre besoin de lui, notre dépendance à son égard et son incapacité de satisfaire ces besoins qui semblent indispensables à notre bonheur.

Le passage de l'amour magique (de la fascination mutuelle) à la déception et au doute quant à nos possibilités d'être aimés et acceptés de façon inconditionnelle, réveille des sentiments fort pénibles dans notre mémoire corporelle et affective. Le souvenir de toutes nos ruptures précédentes et des sentiments de rejet, d'abandon, de trahison et d'impuissance qui leur sont reliés se réactive en nous. La méfiance, le doute, la rage, la colère et le ressentiment nous assaillent. Ces émotions lourdes et chargées menacent notre fragile équilibre intérieur et, par contrecoup, l'équilibre de notre relation. Cette position très angoissante nous oblige à recourir à différentes stratégies de contrôle pour forcer l'autre à répondre à nos attentes, nous évitant ainsi d'être confrontés à ces sentiments pénibles.

LES STRATÉGIES DE SURVIE

Développés dans l'enfance pour assurer notre survie affective, des mécanismes inconscients s'enclenchent automatiquement quand nos émotions douloureuses se réveillent. Destinés à nous protéger de notre souffrance, ils nous évitent d'avoir à faire face à ces émotions difficiles.

À cette étape relationnelle, toutes les défenses refont surface, même si on avait accepté de les laisser tomber, afin de permettre à l'autre, l'entrée dans notre univers intime. Le percevant désormais comme l'ennemi, on remonte le bouclier de défenses. Pour assurer sa sécurité intérieure et reprendre le contrôle de son vécu, on s'engage dans des jeux de pouvoir et de manipulation par lesquels on espère amener l'autre à répondre à ses besoins.

Trois types de stratégies sont utilisés pour protéger notre être blessé en relation avec l'autre. Ces comportements de survie prennent leur source dans nos instincts de conservation les plus primitifs. Tel un animal blessé, l'être humain menacé réagira par la domination, la soumission ou la fuite.

1. La domination

La domination est la réaction d'une personne fixée dans sa polarité masculine et utilisant la force pour obliger l'autre à répondre à ses besoins. Comme ses priorités gravitent autour du pôle du Moi, elle connaît bien ses besoins et n'a pas peur de demander. Tel un roi, elle s'attend à ce que la cour tout entière soit à ses pieds, à son service. Si elle sent qu'on lui résiste, elle n'hésite pas à exiger.

Dans ses relations avec les autres, la personne dominante a le jugement facile. Elle sermonne et interroge pour prouver qu'elle a raison ou faire voir à l'autre qu'il a tort. Par contre, elle déteste elle-même avoir tort. Sa vulnérabilité et son impuissance sont trop menaçantes à admettre. Son agressivité se déverse sous forme d'accusations, de reproches, de critiques et de blâmes. Elle parle fort, crie et gesticule, espérant que l'autre pliera devant ses menaces, qu'il lui donnera raison. Par ces tactiques d'intimidation, elle compte le soumettre à sa volonté.

Ce masque d'orgueil et de supériorité cache une grande fragilité intérieure. La personne dominante maintient l'illusion de sa force en rabaissant l'autre. Elle a besoin de garder la maîtrise extérieure parce qu'elle a peur de perdre la face, de laisser tomber le masque, exposant ainsi sa faiblesse et son désarroi intérieurs.

2. **La soumission**

Dans le pôle complémentaire de la soumission, on mise plutôt sur la coopération et le rapprochement pour préserver le contact avec l'autre. Pour ce faire, la personne soumise est gentille et serviable. Elle prend soin de l'autre et fait tout pour lui plaire, espérant ainsi se l'attacher. Elle s'oublie et se sacrifie pour répondre aux besoins de son partenaire.

Derrière ce masque d'altruisme et de grande générosité se cache un être coupable de se choisir. Se valorisant par ce qu'il donne aux autres, il aura excessivement peur de prendre sa place et de poser ses limites. Il préfère également se taire devant l'autre et le laisser avoir raison pour ne pas provoquer sa colère. Comme il déteste les disputes et les conflits, il exprime rarement sa déception ou sa colère. Il subit et ravale, croyant ainsi se faire apprécier davantage.

3. **La fuite ou le retrait**

Selon l'adage populaire, ne dit-on pas que «le salut est dans la fuite»? Dans ce type de réaction, plutôt que de contre-attaquer, de s'affirmer ou encore de se soumettre, une manœuvre d'évitement est utilisée pour ne pas avoir à confronter l'autre.

La fuite la plus courante est dans la distance physique que l'on prend quand on se sent menacé ou dérangé par l'autre. Dans ce cas, le corps réagit fortement à la situation et on éprouve le besoin de bouger pour tenter de dissiper le malaise qui nous habite. Si le retrait physique s'avère impossible, on s'évade en esprit. On se sépare de l'expérience en pensant à autre chose, à des expériences positives. Décroché de la réalité douloureuse, on fuit dans le passé ou dans le futur. C'est une tactique très efficace pour se soustraire aux demandes de l'autre et aux émotions qu'elles suscitent.

Une prise de distance plus subtile, mais non moins réelle, est la coupure ou le retrait émotionnel. Dans cet état de rupture déguisée, on fait comme si tout était correct, comme si rien ne nous dérangeait. Plutôt que d'affirmer son point de vue, on adopte une forme de résistance passive en jouant l'indifférence. Cependant, comme on ne veut pas non plus se soumettre, on donne la fausse impression que cela ne nous touche pas. Cette manœuvre de diversion est tentée dans l'espoir que l'autre se retire de la scène, qu'il laisse tomber. Par contre, il est rare que l'autre accepte d'oublier les besoins fondamentaux à sa survie. Le fond de la question n'étant jamais touché, le ressentiment s'accumule.

POUR MIEUX CONTRÔLER L'AUTRE

Dans leur quête de détachement ou de rapprochement, le SOLITAIRE et le FUSIONNEL vont jouer sur toute la gamme de ces stratégies pour obliger l'autre à se rendre à leurs demandes. Quoique le point de départ stratégique de chacun soit différent, leur situation de survie les poussera à des incursions sur le territoire spécialisé de l'autre.

F Le premier mode de réaction du FUSIONNEL sera la soumission. Plus en contact avec l'énergie de sa polarité féminine, il est porté à s'adapter aux besoins et aux demandes de l'autre. Craignant de se retrouver seul, il ne voit pas, au début de la relation, qu'il sacrifie au couple ses propres besoins d'autonomie. D'ailleurs, il est beaucoup trop préoccupé à vouloir être sécurisé et pris en charge, pour s'imaginer avoir d'autres attentes.

Afin de s'assurer l'attention et la reconnaissance de l'autre, il se fait tout petit. En se pliant à sa volonté et à ses exigences, il espère recevoir l'amour qu'il attend depuis si longtemps. C'est dans cet état d'attente et de négation de lui-même qu'il excuse et pardonne les attitudes et les comportements de l'autre.

Cependant un jour, le FUSIONNEL doit se rendre à la triste évidence : il n'est pas le principal centre d'intérêt de son partenaire et il est toujours «en bémol», en attente de ses attentions et de sa présence. Répondre aux besoins de l'autre ne semble donc pas avoir donné les résultats qu'il escomptait. Plutôt que de provoquer le rapprochement espéré, un fossé plus grand s'installe entre eux. Le FUSIONNEL est d'autant plus déçu qu'il a de la difficulté à affirmer ses besoins et à se choisir. Dans son besoin insatiable de l'autre, il en a fait le centre de sa vie, laissant tomber ses amis, ses loisirs et ses autres occupations.

Plusieurs possibilités réactionnelles lui sont ouvertes. Dans la dynamique du martyr ou de la victime impuissante, il peut retourner contre lui-même cette force de déception accumulée. Il se découragera en s'apitoyant sur son sort, se croyant indigne d'amour. Dans sa honte de lui-même, il se déprécie de n'avoir pas réussi à se mériter l'amour de l'autre. Le FUSIONNEL déçu peut aussi choisir de s'accommoder des miettes d'amour que l'autre lui octroie, ne croyant pas pouvoir mériter davantage. En préservant le minimum qu'il possède déjà, il continue d'espérer qu'à force «d'aimer» son partenaire, il finira par le changer et obtenir enfin tout l'amour qu'il désire. Dans son désespoir, il pourra aussi recourir à des tactiques plus subtiles pour tenter d'attirer l'attention et la pitié de son partenaire, soit en tombant malade ou en déprimant.

Il mettra du temps à atteindre ses limites. Quand la souffrance accumulée sera trop grande à supporter, il retournera contre son partenaire la colère retenue

F depuis trop longtemps, lui reprochant avec force de ne pas l'aimer et de n'être qu'un égoïste. Toutefois, comme il croit que sa colère provoquera la rupture du lien amoureux, ce n'est qu'en désespoir de cause qu'il adoptera un tel comportement. Surmontant son angoisse d'être abandonné et n'ayant alors plus rien à perdre, le FUSIONNEL ose enfin parler pour lui. Avec beaucoup de rancœur et d'agressivité, il exige de l'autre la satisfaction immédiate de ses besoins non comblés.

S Le comportement stratégique du SOLITAIRE suit une séquence quelque peu différente. Dès le début de la relation, il sait que le couple n'est pas sa priorité et qu'il veut à tout prix préserver sa liberté. Donc, il impose ses conditions, définit ses frontières, précisant surtout ce qu'il ne veut pas. D'ailleurs, son choix de partenaire respecte déjà ces critères de sécurité qu'il s'est donnés. Toutefois, devant la gentillesse et la grande disponibilité de l'autre, il prend le risque calculé de se rapprocher tout en se ménageant de larges portes de sortie, que ce soient ses amis, son travail, ses loisirs, ses études, ses projets...

Face aux pressions subtiles de l'autre qui exige de lui plus de disponibilité et d'engagement, il se sent menacé et se retire émotionnellement. Tous les prétextes sont alors bons pour garder l'autre à distance.

Sa peur de l'intimité est si grande qu'il n'hésitera pas à utiliser une stratégie de combat s'il sent le filet se resserrer autour de lui. Ne dit-on pas que la meilleure défense est encore l'attaque? Le SOLITAIRE est très habile à susciter des discussions et des conflits dans le but inconscient de provoquer le retrait de l'autre, s'accordant ainsi un sursis temporaire.

S Durant ces périodes de grande insécurité affective, le regard que le SOLITAIRE porte sur l'autre est très négatif. Menacé par ses propres peurs, il projette sur l'autre son malaise intérieur. Il n'aime plus sa façon de s'habiller, de parler, de se tenir, de marcher, de manger, de bouger... Il ne le désire plus. Il n'est plus sûr de l'aimer et se sent très coupable d'éprouver ce sentiment.

Quand le FUSIONNEL exaspéré lui reprochera agressivement ses absences et son retrait, il se sentira coupable et impuissant car il ne peut pas répondre à ses demandes de rapprochement. Tiraillé entre les besoins de son «moi» à préserver et ceux de l'autre à satisfaire, il se sent coïncé.

Cet état d'ambivalence est extrêmement pénible à vivre pour le SOLITAIRE. Selon son système de croyances, choisir de répondre aux besoins de l'autre le confronte à renoncer aux siens. Comme ces deux niveaux de besoins lui semblent incompatibles, le SOLITAIRE ne peut se résigner à faire pencher la balance d'un côté ou de l'autre. De toute façon il se sent perdant : «Si je me choisis, je te déplais. Si je te choisis, je me déplais». Les solutions jugées les moins menaçantes pour lui demeurent le retrait physique et affectif.

LES ZONES DE CONFLIT

Le besoin de contrôler, pour s'éviter de souffrir et obtenir de l'autre la satisfaction de ses besoins de base, va s'étendre à tous les domaines de la vie du couple. Dans ces zones de turbulence, le conflit pourra entrer en scène. Inconscients de cette dynamique qui se joue entre eux, les partenaires seront condamnés à en subir les conséquences.

Leur vie quotidienne, affective et sexuelle sera contaminée par cette lutte intestine où chacun veut forcer l'autre à lui donner ce qu'il croit essentiel à son bonheur. Devant les insatisfactions quotidiennes qu'ils accumulent, ils sont de plus en plus sur la défensive et méfiants dans leurs échanges. Devant l'incapacité de l'autre à répondre à ses attentes, chacun se referme un peu plus et la distance à parcourir pour se rejoindre s'allonge de jour en jour.

Les partenaires tentent souvent d'utiliser la sexualité pour combler ce qui les sépare. Les sentiments d'impuissance et d'agressivité de chacun sont rapidement transposés dans leur vie sexuelle sous forme d'une baisse ou d'une absence de désir ou encore de difficultés d'érection et d'orgasmes. Victime de ses peurs relationnelles, il est bien difficile de rester ouvert face à l'autre. Instinctivement, on recourt aux stratégies de survie pour se protéger de la menace représentée par l'autre. Les conséquences qui en résultent au niveau sexuel sont le retrait physique et affectif, et un éloignement toujours plus grand des partenaires.

Les questions d'argent et d'éducation des enfants constituent aussi des terrains de friction où les besoins opposés de l'un et de l'autre s'affrontent avec force. Que ce soit dans le choix d'avoir des enfants ou dans les attitudes à adopter à l'égard de ceux-ci, les positions divergentes du FUSIONNEL et du SOLITAIRE donneront lieu à des affrontements directs ou indirects entre eux.

Qu'ils soient exprimés ou non, les blâmes et les reproches mutuels des partenaires cristallisent leurs positions respectives. Le FUSIONNEL et le SOLITAIRE sont tellement différents dans leurs façons de percevoir, de penser, de ressentir et d'agir qu'il leur sera très difficile de trouver un terrain d'entente entre eux. Surtout qu'à cette étape relationnelle, chacun a l'impression qu'il doit se défendre pour arriver à faire valoir ce qu'il est.

La difficulté à se comprendre et à se rejoindre est d'autant plus grande que chacun se retrouve enfermé dans un mode de communication auquel l'autre n'a pas accès. En effet, dans leurs positions de survie respectives, ils ont été amenés à développer des canaux de communication spécifiques.

F Le FUSIONNEL est devenu un spécialiste des canaux émotionnel et intuitif. C'est un sensitif qui capte les atmosphères, les états d'âme et les impressions subtiles. S'il peut facilement être sur la même longueur d'onde que son interlocuteur, il éprouve aussi des difficultés à refermer son canal émotionnel et il se laisse facilement envahir par les émotions de l'autre. Baromètre de la vie affective du couple, il réagit aux moindres variations qui affectent l'univers émotionnel de l'un ou de l'autre.

S Afin de communiquer, le SOLITAIRE donne la priorité à ses sens physiques et à son intelligence rationnelle. Il se fie davantage aux apparences extérieures, à ce qu'il voit, entend et touche. S'il se limite aux informations véhiculées par la forme extérieure, c'est qu'il est fermé aux données disponibles sur la bande du canal émotionnel. Ayant difficilement accès à une connaissance plus intérieure et à son senti, il est très sceptique quand il s'agit de donner foi à des informations de cet ordre.

Dans les moments de grande tension et de conflit, les partenaires du couple deviennent des étrangers l'un pour l'autre, car ils parlent deux langages complètement différents.

> Le SOLITAIRE communique rationnellement sa vision objective des faits, le FUSIONNEL est «branché sur ses tripes» et parle le langage des émotions. Les canaux de l'un et de l'autre ne sont pas ouverts sur les mêmes fréquences vibratoires.

F Très sensitif, le FUSIONNEL capte les non-dits du SOLITAIRE et vibre à ses émotions cachées. Alors contaminé par les émotions de l'autre, il se sent submergé et perd l'accès à son monde rationnel pour se sécuriser et se rassurer. Il vit alors un double abandon, car l'autre est aussi dans l'impossibilité de le recevoir dans ses émotions.

S Impuissant devant cette intensité émotive, le SOLITAIRE se réfugie dans le rationnel pour se préserver de ce monde de désorganisation intérieure où il aura l'impression de se perdre, de sombrer dans l'impalpable. Plus il se sent inquiet et menacé par ses émotions ou celles de l'autre, plus il se referme et cherche à garder la maîtrise mentale.

Prisonniers de leurs peurs respectives, aucun dialogue n'est alors possible entre les partenaires. Le monologue de l'un ne peut être ni reçu ni décodé par l'autre, car il n'existe aucun terrain commun où se rejoindre. En lutte pour leur survie respective, aucun des partenaires ne peut recevoir l'autre, le rassurer et encore moins répondre à ses besoins. Dans ces conditions, comment chaque partenaire peut-il préserver son équilibre intérieur? Comment chacun réussira-t-il à sortir de l'impasse créée par son passé? Comment le couple arrivera-t-il à résoudre l'énigme à laquelle il se voit confronté?

SORTIR DE L'IMPASSE

Prisonnier de ce cul-de-sac relationnel, chacun tente de sauver sa peau. À cette étape, un grand nombre de besoins sont toujours en attente. L'incapacité de l'un à reconnaître l'autre et à l'aimer de façon inconditionnelle suscite une telle détresse émotionnelle, une rage et une impuissance si profonde que chacun se croit incapable d'assumer le réveil de ces émotions lourdes. Pour éviter de faire face à cette souffrance intérieure, on débranche le système d'alarme et on essaie de se distancer de son malaise par une série de fuites servant de diversion.

LES FUITES CLASSIQUES

Dans un premier temps, c'est toute la gamme de nos mécanismes de défense[10] qui se mettent en place pour faire taire la déception, la rage, la colère ou la douleur à l'idée de devoir renoncer à satisfaire ses besoins. Parce que cette réalité est trop douloureuse à accepter, on préfère la nier ou la rationaliser.

On peut aussi se couper de son senti «négatif» en projetant son angoisse sur les autres, les rendant alors responsables de son mal-être. Cette stratégie est utilisée par le partenaire qui veut changer l'autre pour le rendre conforme à ses attentes. Comme l'autre semble être l'obstacle majeur à son bonheur, il mobilise ses propres énergies pour tenter de le modeler d'après son image du partenaire idéal. Le contrôle exercé sur l'autre se fera subtil ou plus direct. Dans la gamme des stratégies douces, il déploiera charme, gentillesse, humour et séduction pour l'inciter à répondre à ses attentes. Empruntant le rôle du sauveur, il sera très disponible et réceptif, amenant l'autre à parler de lui-même. Pour l'aider à mieux circonscrire son problème, il lui suggérera des lectures, des conférences ou des cours. Si l'autre semble peu motivé, il se documentera à sa place sur le sujet. Ses moyens de pression pourront aller jusqu'à l'intimidation, le chantage et les menaces. Par exemple, il l'obligera à commencer une thérapie en menaçant de le quitter ou de prendre un amant / maîtresse s'il ne répond pas positivement à ses manœuvres.

Parce qu'il a peur de lui déplaire ou de le perdre, le partenaire visé pourra céder au chantage. Toutefois, comme il concède ainsi à l'autre une partie de son pouvoir, il lui en voudra secrètement de le forcer à changer. Si, pour conserver son autonomie, il tente de se soustraire aux pressions de son partenaire, ses résistances pourront s'exprimer par le retrait, une plus grande distance ou la confrontation directe. De toute façon, la frustration augmentera de part et d'autre.

Vouloir changer l'autre en adoptant le rôle du dominateur, du sauveur, nous confirme plutôt dans le rôle de victime, à savoir l'incapacité profonde à prendre soin de soi. Mettre l'accent sur l'autre devient le prétexte pour éviter de se regarder soi-même, une ruse insidieuse pour camoufler ses propres blessures.

Pour éviter de faire face à sa souffrance intérieure, on se déserte soi-même par de nombreuses fuites. Plusieurs vont vivre dans leurs rêves en s'identifiant positivement à des héros, aux personnages de téléromans, de films ou de vidéos, aux personnalités politiques, sociales ou sportives. La nourriture, la cigarette, la drogue, l'alcool et les médicaments peuvent aussi servir de compensations aux carences affectives.

Pour éviter de se confronter aux vraies questions qui tapissent ses interactions, le couple peut aussi fuir dans les loisirs, les voyages, les sorties ou les rencontres avec les amis. Le phénomène de diversion peut aussi se cristalliser autour de la vie commune : l'achat d'une maison, sa rénovation, sa décoration, son réaménagement, un déménagement ou l'achat de nouveaux meubles peuvent être autant de façons différentes de fermer les yeux sur ce qui ne va pas, espérant que le temps arrangera les choses. Le choix d'avoir un enfant et la façon de l'éduquer pourra aussi être largement utilisé comme stratégie de déplacement des malaises soulevés par la relation.

Notre société de consommation et de compétition encourage déjà largement nos fuites par l'avoir (pécuniaire) et le savoir (intellectuel). Ainsi, la course à l'argent et aux biens de consommation, aux diplômes et aux promotions nous détournent de notre vide intérieur et camouflent les besoins véritables d'amour de soi et d'acceptation par l'autre. Les vêtements, les bijoux dont on se pare et les produits de beauté maquillent très souvent nos inavouables vulnérabilités.

AMANTS ET MAÎTRESSES

Si certaines personnes s'accommodent des comportements de fuite de leur partenaire, d'autres recourent aux grands moyens pour répondre à leurs besoins relationnels en attente. À cet effet, l'aventure amoureuse offre de nombreux attraits. En nous sortant de la dynamique souffrante du couple, elle nous replonge dans le temps magique de la conquête et de l'amour naissant.

Même si on utilise l'expression *tromper l'autre* pour désigner cette fuite dans l'aventure extra-conjugale, c'est plus souvent une tentative de se leurrer soi-même qui nous incite à tenter ce genre d'expérience. Plutôt que de reconnaître et d'assumer nos peurs relationnelles, on préfère s'évader en déplaçant notre énergie sur une personne qui ne semble pas menaçante et auprès de laquelle on peut se valoriser. Avec ce nouveau partenaire, on tente d'oublier le dilemme qui nous confronte à notre partenaire de vie. Pas question ici d'exposer ses zones de vulnérabilité. On se protège en se dissimulant derrière des masques de force. Ensorcelé par le côté flamboyant de la façade de l'autre, on s'organise pour ne vivre que de bons moments en sa compagnie.

Cette expérience répond souvent à des motivations secrètes concernant notre conjoint. On peut vouloir se venger de son éloignement physique ou affectif interprété comme un rejet, ou on espère l'amener à réfléchir et le forcer ainsi à nous donner ce qu'on désire. On crée la situation de triangle pour tester les sentiments profonds de l'autre à notre égard. Tient-il vraiment à nous? On espère que la présence d'un tiers réveille sa peur de nous perdre et son désir de nous reconquérir.

On peut aussi avoir besoin de cette «aventure» pour se rassurer sur sa masculinité ou sa féminité quand la relation du couple aura miné notre estime de soi et nous aura confrontés à notre impuissance. Cependant, nos motivations profondes sont rarement aussi explicites. Parfois, vivre une telle expérience nous amènera à prendre conscience du conflit intérieur.

Le triangle amoureux peut être décodé comme le signe d'un malaise profond au sein de la relation, un signe que les besoins primaires de l'un et de l'autre n'ont pu trouver satisfaction à l'intérieur de la dyade conjugale. C'est surtout le signe de l'incapacité de chacun des partenaires du couple à assumer, de façon responsable, la satisfaction de ses propres besoins relationnels.

SÉPARATION ET DIVORCE

La souffrance qui grandit et s'accumule entre les partenaires les oblige à se refermer toujours plus et à se distancer davantage. De plus, un jour, l'un des partenaires aura l'impression qu'il paie beaucoup trop cher pour vivre en couple, compte tenu des avantages qu'il en retire.

> Rester devient plus souffrant que l'idée de partir.

Les raisons évoquées pour se séparer peuvent être très différentes d'une personne à l'autre : absence de désir ou dysfonctions sexuelles, difficultés de communication et de compréhension mutuelle, divergences majeures entre les partenaires, baisse de l'estime de soi, attirance pour une autre personne, état de crise dont on ne peut se sortir. Tous ces motifs extérieurs en camouflent un autre : l'incapacité à obtenir de l'autre la satisfaction de besoins profonds et ainsi obtenir qu'il nous accepte et nous aime dans notre vulnérabilité. La décision de rompre le lien amoureux est rarement partagée par les partenaires du couple.

F Le FUSIONNEL, qui a une peur viscérale de se retrouver seul, va souvent fermer les yeux sur ce qui ne va pas et choisir de rester dans une relation boiteuse. Il préfère s'accommoder des miettes restantes de son couple plutôt que de se retrouver sans la bouée de sauvetage que lui procure sa relation, même déficiente et douloureuse. C'est sa peur d'abandon qui le force ainsi à rester dans sa souffrance.

S La grande peur du SOLITAIRE (celle de s'engager émotivement et de souffrir s'il s'ouvre) le forcera à faire le choix contraire, c'est-à-dire, partir.

Si le SOLITAIRE se sent trop étouffé par les attentes de l'autre, s'il ne peut plus avoir son espace vital sécuritaire, il n'hésitera pas, malgré une certaine dose de culpabilité, à sauver sa peau. Par contre, quand certaines limites sont outrepassées, les pôles s'inversent et, selon le scénario le plus courant, c'est le FUSIONNEL désabusé et désillusionné qui prendra la décision de partir. Il aura accumulé une telle déception silencieuse, que la seule issue qu'il verra à la libération de sa souffrance sera de rompre ce lien où il se meurt d'attente. Il remet en question son choix amoureux. Il croit que si l'autre avait été plus conforme à ses attentes idéales, il n'en serait sûrement pas arrivé à ce niveau de souffrance. Il se promet alors d'être encore plus exigeant et méfiant dans sa recherche ultérieure du partenaire idéal.

Afin d'arriver à prendre cette décision et à poser ce geste, le FUSIONNEL devra réveiller l'énergie de sa polarité masculine qui le basculera ainsi dans le pôle du SOLITAIRE.

Selon la loi de l'alternance instinctive[11], le changement de pôle chez l'un des partenaires du couple oblige automatiquement l'autre à basculer à son tour. C'est ainsi que le partenaire SOLITAIRE se verra précipité malgré lui dans l'énergie de sa polarité féminine, retournant en arrière pour tenter de voir ce qu'il aurait pu faire de plus ou autrement. Cette décision de l'autre est souvent un choc pour lui. Il se sent coupable, s'en veut de n'avoir pas su voir ce qui arrivait, de n'avoir pas réussi à aimer l'autre comme il désirait l'être. Il se pardonne difficilement le départ de son partenaire, car c'est dans cet éloignement définitif et cette coupure qu'il découvre ses propres besoins de rapprochement.

Quand le choix de rester en couple en y sacrifiant ses besoins n'a pas fonctionné, la décision de sortir du couple est la seule issue à la souffrance grandissante en soi et entre les partenaires. D'ailleurs, la décision de rompre le lien amoureux représente la conclusion normale de la relation d'amour fondée sur le manque en soi et la dépendance envers l'autre. Même si le choix de la séparation et du divorce motivé par les peurs peut être vu comme une autre forme de fuite, le période de solitude qui s'ensuivra pourra être bénéfique aux deux partenaires, car elle ouvre un espace fertile pour un changement en profondeur.

CHAPITRE 2

L'ALTERNATIVE DU NOUVEAU COUPLE

C'est rarement de gaieté de cœur que l'on accepte de changer. Seule la force de persuasion de la souffrance peut nous y contraindre. Reliée à la vie affective et relationnelle, cette souffrance prend différents visages. Une à une, toutes les solutions expérimentées pour nous éloigner de la douleur sont devenues inaptes à nous apporter un bonheur durable.

DES SOLUTIONS AVORTÉES

Si la guerre du pouvoir perdure au sein du couple, on y laisse chaque jour davantage son énergie vitale et sa joie de vivre. Lorsqu'on a décidé de taire ses besoins afin de ne pas vivre ce conflit extérieur, on s'ennuie dans le couple et surtout, on y perd son estime de soi tout en accumulant du ressentiment envers l'autre. Si, en optant pour la solution de la rupture ou de la séparation on avait (avec la même vision d'une relation) espéré trouver par la suite le partenaire idéal, on réalise avec le temps que le nouvel élu est loin de nous apporter tout le bonheur qu'on espérait. Souvent, on se voit recommencer le même cycle de survie avec ce nouveau partenaire. Malgré leur raffinement et leur dosage à la hausse, nos compensations réussissent de moins en moins à nous rééquilibrer de l'intérieur, à combler le vide et l'angoisse qui nous habitent.

Dans l'épuisement de nos ressources extérieures, nos besoins non comblés sont toujours en attente et notre souffrance augmente. L'impression de ne plus être maître de sa vie nous met en contact avec des énergies qui nous terrorisent. Le désespoir, l'impuissance et le mépris de soi témoignent de notre incapacité à trouver le bonheur, à vivre l'amour. Prisonniers de cette souffrance à éviter, on se referme davantage pour ne pas ressentir ces émotions pénibles. La routine nous tue, la mort et l'ennui glacent nos âmes.

Dans le labyrinthe de nos peurs, on ne peut envisager d'autres pistes de solutions que celles qui ont déjà été empruntées et qui font partie de notre programme de survie[1]. Depuis longtemps on a perdu le contact avec la partie de nous qui connaît le chemin du retour vers l'Amour. Car notre Soi tente de se faire entendre, mais la voix de nos peurs étouffe ses messages subtils. Pourtant au cœur de notre être, l'amour ne demande qu'à s'épanouir.

Afin de reprendre contact avec ces forces vives, on devra prendre le risque de s'aventurer sur les terres inconnues du changement. Le fil d'Ariane nous conduisant au centre de notre être nous obligera à traverser le territoire de nos peurs, cette zone terrifiante où l'on devra accepter de faire face à nos propres monstres, mais l'idée d'affronter nos peurs est paniquante. De nombreuses parties de nous-mêmes s'opposent à cette plongée intérieure. Cette tâche de maturation affective indispensable nous sera cependant facilitée par une vision renouvelée de la relation amoureuse.

VERS UN NOUVEAU COUPLE

Puisque l'ancien couple se révèle impuissant à répondre à nos attentes amoureuses, il est impérieux d'envisager de nouvelles façons de percevoir et de vivre la relation avec l'autre. En rupture avec les patterns de survie de l'ancien modèle, le NOUVEAU COUPLE est constitué de deux personnes responsables qui choisissent le couple comme laboratoire d'expérimentation dans leur processus de transformation personnelle[2].

La notion de responsabilité constitue la plaque tournante sur laquelle se fonde et se bâtit le NOUVEAU COUPLE. Être responsable signifie : abandonner son attitude de victime pour se voir comme le co-créateur de sa vie. La personne responsable refuse de se croire condamnée à subir le conditionnement douloureux de son passé. Par rapport à la vie du couple, on se réapproprie son véritable pouvoir quand on choisit de voir l'expérience relationnelle comme un moyen d'apprendre sur soi, comme un outil pour arriver à une plus grande maturité affective et spirituelle. Dans sa quête évolutive, chaque partenaire accepte le retour vers lui-même pour y découvrir les forces latentes de son pôle inconscient. Plutôt que de chercher à se compléter à travers les forces de l'autre, chacun enclenche le processus de se compléter lui-même, visant l'unification intérieure.

Dans son objectif ultime le NOUVEAU COUPLE vise le mariage intérieur, c'est-à-dire l'harmonisation en soi des polarités masculine et féminine. Concrètement, cette réalisation intérieure passe par l'éveil de la polarité latente et l'intégration de cette énergie à tous les domaines de la vie. La relation intime devient le creuset où pourra s'opérer cette transformation alchimique.

Si, dans une démarche responsable, chacun accepte de se transformer lui-même, la particularité du NOUVEAU COUPLE réside dans le fait que les partenaires acceptent aussi de changer ensemble et de cheminer à deux vers la réalisation de Soi. Dans un premier temps, cela signifie qu'ils s'accompagnent et se soutiennent mutuellement dans leur processus d'éveil. Engagés sur le même chemin, ils se promettent écoute, réconfort et soutien, cette réciprocité ressemblant à la relation d'amour inconditionnel du parent envers son enfant. Dans le nouveau contrat de leur engagement mutuel, les partenaires consentent aussi à entrer dans une relation maître / disciple. Chacun reconnaît l'autre comme un miroir[3], lui reflétant ses lumières et ses ombres, ses forces et ses faiblesses.

À cause de leur différence respective, chacun sera pour l'autre son plus grand professeur dans la découverte de sa propre polarité cachée. Chacun est prêt à se laisser pétrir par l'énergie de l'autre tout comme il accepte de devenir son modèle et son maître.

Les partenaires s'enrichissent mutuellement de leurs différences, chacun expérimentant à travers l'autre de nouvelles façons de se percevoir, de penser, de ressentir et d'agir. Quand la définition que nous avons de nous-mêmes change, nos visions de l'autre, du couple et de l'amour s'en trouvent également transformées et une nouvelle phase de créativité personnelle et relationnelle s'ouvre devant nous.

ATTENTION AUX IMITATIONS!

Ces nouvelles façons d'être ne sont pas accessibles d'emblée. C'est en explorant quelques modèles stéréotypés, que la culture populaire associe au couple idéal, que l'on pourra mieux illustrer les divers éléments constituant l'essence du NOUVEAU COUPLE.

Idéalisé par notre société de consommation, un premier modèle a trait au *couple qui semble, de l'extérieur, très heureux*. Ces partenaires semblent tout avoir pour réussir leur vie conjugale : de beaux enfants, une propriété, des carrières prometteuses, des activités sportives et des loisirs, des amis fidèles, des vacances annuelles fort méritées. Bref, que pourrait-il manquer à leur bonheur? Dans ce type de relation, les partenaires n'ont souvent plus aucune énergie à investir dans leur dynamique relationnelle. Leurs priorités ne se situent d'ailleurs pas à ce niveau. Pressés de répondre aux critères de réussite professionnelle et sociale, ils oublient les besoins reliés à leur évolution affective. L'un des deux se laisse souvent emporter par le courant des besoins de l'autre, y sacrifiant les siens, du même coup.

Le couple qui ne se dispute jamais est un autre modèle qui jouit d'une cote élevée dans nos standards sociaux. Dans ce modèle, les partenaires semblent toujours d'accord. Ils n'élèvent jamais la voix entre eux car aucun conflit ou différend ne semble présent.

Contrairement à nos croyances populaires, ne jamais se quereller n'est pas un critère de réussite conjugale.

Il est impossible de partager son quotidien avec autrui sans être un jour confronté à des positions différentes, à des idées dissemblables, sans réveiller les émotions lourdes de la colère, de la rage, du ressentiment et les reproches qui s'ensuivent. Cependant, pour préserver intact le fantasme de l'union idéale et ne pas perdre le sentiment physique du lien qui le relie à l'autre, il arrive que l'un des partenaires refuse de négocier avec ce registre d'émotions menaçantes. Ce partenaire sacrifie et abandonne ses goûts, ses idées et ses besoins à l'autre. Il lui concède ainsi son propre pouvoir en taisant sa déception ou sa colère.

Cependant, la colère refoulée nuit à l'estime de soi et à l'harmonie du couple. C'est pourquoi les partenaires engagés dans le processus du NOUVEAU COUPLE vont se donner des moyens concrets pour honorer ces émotions en eux-mêmes et arriver à les négocier entre eux. Sans nier leurs différences, ils vont apprendre à canaliser le potentiel énergétique de la colère pour en faire un outil au service de leur transformation personnelle et interpersonnelle.

Le *couple dont les partenaires sont toujours ensemble* constitue un autre idéal de relation. Dans ce modèle, la priorité va aux besoins de rapprochement et de fusion de chacun. Toujours ensemble, ces partenaires sont incapables de se passer de la présence physique et affective de l'autre. Quoique la fusion représente une étape normale dans la formation du lien amoureux, vouloir s'y accrocher suppose que les partenaires répriment ou nient leurs besoins d'espace vital et d'exploration personnelle. En se privant de l'«oxygène» apporté de l'extérieur par chacun, ce couple s'asphyxie lentement, chaque partenaire brûlant ses propres ressources et celles de l'autre. Faute de carburant, la structure du couple ne peut plus s'alimenter et s'écroule.

Dans le même ordre d'idées, l'évolution du *nous* se trouvera également compromise chez un *couple prisonnier de sa routine*. Esclaves d'un horaire, les partenaires n'ont plus aucun espace pour leurs besoins primordiaux et leur spontanéité. Une vie de couple structurée peut s'avérer sécurisante pour les partenaires qui sont ainsi assurés de ne jamais s'ennuyer. Le prix à payer pour cette sécurité est que l'un des deux y sacrifie sa liberté, ses goûts personnels et son besoin de faire des choses différentes, quand il en a envie. Prisonniers de ce genre de couple, les partenaires perdent rapidement le contact avec leurs besoins profonds et le sens de leur valeur personnelle. Ce vide intérieur accentue la dépendance à l'autre et le circuit *protecteur* de la routine.

À l'inverse, une structure très ouverte peut aussi être un piège pour le cheminement d'un couple. Dans le *couple ouvert*, les besoins individuels sont *priorisés* à ceux de l'autre ou de la relation. Valorisant leur liberté personnelle, les partenaires s'accordent mutuellement le droit de répondre à leurs besoins ailleurs que dans le couple. À l'extrême, tout est permis; les partenaires ne veulent avoir de comptes à rendre à personne. Réduit à sa plus simple expression, l'investissement dans la relation de couple est souvent perçu comme un obstacle à la réalisation des pulsions personnelles. Aucun des partenaires n'est prêt à sacrifier ses besoins de liberté et d'espace vital pour répondre à des besoins cachés de sécurisation et d'appartenance. Ce genre de relation est souvent observé chez des personnes tentant de cicatriser une blessure d'amour. Comme le travail de guérison émotionnelle reste inachevé, l'intimité est impossible. La personne tente alors de restaurer son estime de soi et sa confiance en investissant sur elle-même plutôt que sur l'autre ou dans la relation.

UN CHEMIN QUI A DU CŒUR

Ces descriptions font ressortir des modèles de couples fortement polarisés. Ces derniers étant fondés sur un seul niveau de besoins, un seul pôle est reconnu et investi par les partenaires. Dans ces dynamiques relationnelles, l'un des partenaires impose les besoins dictés par son pôle alors que les besoins reliés au pôle complémentaire sont tenus dans l'ombre, ne pouvant s'exprimer. Le second partenaire s'identifie totalement aux besoins du premier, laissant de côté ses propres besoins évolutifs. Il lui semble alors plus sécurisant de se fondre dans les besoins de l'autre que de s'arrêter pour déceler et faire respecter les siens. Toutefois, en termes évolutifs et dans le sens du processus relié à l'éclosion du NOUVEAU COUPLE, ces expériences relationnelles axées sur une seule polarité forcent les partenaires à faire certains apprentissages et des prises de conscience impossibles autrement.

Ainsi, la structure extérieure du couple fermé et routinier sécurise l'individu en le raccrochant à du connu. Cependant, trop de sécurité tue la créativité et l'estime de soi. Avec le temps, cette expérience de saturation l'amènera à découvrir les limites paralysantes de cette fausse sécurité. Il aura eu besoin du resserrement exagéré de la structure fermée pour le mettre en contact avec ses limites et ses besoins d'exploration en dehors du *nous*.

Pareillement, quand il se retrouve dans une dynamique de couple où l'on ne se dispute jamais, c'est le signe qu'il a besoin de se protéger de la colère, cette énergie s'avérant trop menaçante à vivre ou à exprimer. Par contre, cette colère refoulée alimentera sa peur de perdre la maîtrise de la situation. Pour garder la paix à tout prix, il sacrifie cependant de nombreuses dimensions de lui-même. Afin de retrouver ces aspects cachés et arriver à les honorer, il devra se réconcilier avec cette énergie taboue. Le modèle du «couple gentil» dans lequel il aura été enfermé l'amènera à cette prise de conscience graduelle et forcera l'éclosion de cette nouvelle force d'affirmation en lui.

Vivre un modèle de couple fondé sur l'avoir confirme l'individu dans ses besoins de reconnaissance et de valorisation au moyen de réalisations extérieures. Cette poursuite de la réussite sociale ou professionnelle pourra cependant le mettre en contact avec le vide laissé par cette interminable course extérieure et l'ouvrir à ses besoins plus profonds de vie intérieure et de présence à Soi. Le modèle de couple polarisé l'aura conduit vers ces autres parties de lui-même voulant être entendues et honorées.

Ces exemples illustrent que la notion de NOUVEAU COUPLE implique nécessairement l'idée d'un cheminement, d'une route sur laquelle on accepte de s'engager pour se retrouver.

> L'objectif du processus n'est cependant pas l'arrivée au but (soit celui de former un couple parfait) mais plutôt le chemin lui-même.

Ce cheminement à deux peut être vu comme une grande voie initiatique, avec ses tests, ses épreuves de passage. La notion d'échec n'a pas de place sur cette voie. L'expérience jugée négative pourra toujours être profitable à notre évolution personnelle et celle du couple pourvu qu'on apprenne à y décoder la grande leçon de la vie. Les expériences qui meublent le quotidien sont utilisées comme toile de fond pour apprendre à se regarder de façon plus honnête, pour conscientiser ses peurs et ses besoins et pour découvrir des façons nouvelles et plus aimantes de leur répondre.

S'ENGAGER SUR LE CHEMIN

S'engager sur ce chemin du NOUVEAU COUPLE exige des qualités particulières puisqu'il s'agit d'entrer dans un processus d'éveil et d'actualisation avec tout ce que cela implique de déconditionnement, de lâcher prise et d'acceptation de soi.

La première condition pour s'engager sur cette nouvelle voie, c'est de le vouloir, c'est-à-dire de volontairement choisir de s'engager dans cette quête de notre unité. Fatigués de la souffrance répétitive reliée aux multiples fuites, on fait un jour le choix conscient de retrouver notre joie de vivre. Sans cette décision consciente de vouloir se changer en prenant les moyens concrets pour le faire, il est impossible de stopper le mouvement inconscient de notre programmation de survie. La voie du NOUVEAU COUPLE nous invite donc à sortir de nos vieux schémas relationnels pour entrer dans un processus de changement.

Ce saut dans l'inconnu demande beaucoup de courage car, pour explorer le territoire de nos peurs et de nos vulnérabilités, il faudra laisser tomber plusieurs de nos mécanismes de défense.

Naviguer dans des eaux inconnues nous laissera souvent l'impression de ne plus être maître de notre vie. Le processus de changement possède sa propre sagesse : il se déploie sous les directives de notre Soi, indépendamment de notre rationnel et du contrôle conscient. On devra donc apprendre à faire confiance à cette grande œuvre de transformation (œuvre théâtrale dont on sera désormais le principal artiste),[4] mais c'est toujours avec notre consentement que s'opère cette mutation profonde de notre être.

À plusieurs égards, le chemin de transformation à deux diffère de celui qui pourrait être entrepris par une personne seule. La relation de couple ramène aux sources de notre souffrance. Elle nous replonge dans le bassin de nos peurs les plus archaïques, celles qui sont reliées à la relation de symbiose à la mère. Nous avons calqué toutes nos relations intimes sur ce modèle primaire. Dans ce sens, la vie de couple recèle un grand potentiel de maturation affective. Si on chemine seul, il est plus facile de rester en position de contrôle, parce que moins rapidement et directement confronté à ce noyau de peurs primitives, berceau de nos plus grandes vulnérabilités. Il est donc plus difficile de se transformer.

S'engager à deux sur le même chemin exige un grand amour de soi. Le reflet renvoyé par l'autre n'est pas toujours très agréable à regarder. Malgré leur engagement mutuel à cheminer ensemble, les partenaires seront souvent tentés de recourir à leurs fuites et à leurs jeux de pouvoir quand leurs peurs seront réactivées. D'autant plus que, selon la loi de la résonance énergétique, tout ce qui est vécu par l'un est simultanément ressenti par l'autre[5]. Au cœur de ce processus de transformation, on sera appelé à apprendre l'acceptation inconditionnelle de soi. Être deux représente, cependant, des avantages. Dans les moments de découragement, ceux pendant lesquels l'on voudra tout lâcher parce qu'on touchera le fond de notre impuissance, l'autre sera là pour nous recevoir. Sa présence rassurante et ses encouragements nous permettront de reprendre confiance.

Cette grande aventure à deux sera surtout un terrain d'exploration.

Pour sortir de la dramatique que l'on joue à guichets fermés depuis des années, il nous faudra retrouver l'enfant en soi, le plaisir du jeu et de la découverte, et l'authenticité de nos origines.

> Le seul passeport pour l'entrée dans le NOUVEAU COUPLE, c'est le vouloir.

Toutes les autres qualités exigées pour ce voyage et dont on se croit dépossédé au départ feront partie de nos découvertes sur le terrain. Ainsi, en cours de processus on sera amener à découvrir, en soi-même, l'ensemble de ces grandes qualités d'être dont on se croit démuni. Ainsi, on pourra graduellement libérer le trésor qui est toujours emprisonné en soi, jalousement gardé par nos peurs.

CHAPITRE 3

S'OUVRIR AU CHANGEMENT

Le changement est inscrit dans la vie. Il en constitue l'essence même. Tout ce qui vit évolue selon un ordre et un rythme codifiés de l'intérieur. Cette création perpétuelle naît du mouvement d'échange entre les forces opposées et complémentaires des polarités masculine et féminine.

LE CHANGEMENT ET LE JEU DES POLARITÉS

Selon les enseignements de plusieurs traditions philosophiques, notamment le taoïsme chinois, l'énergie reliée à la polarité féminine constituerait le matériau de base de la vie. Associée aux visions créatrices et à l'inspiration, elle porte en son sein l'univers de tous les possibles. En gestation perpétuelle, cette énergie potentielle attend cependant d'être canalisée et orientée dans une forme. C'est le rôle de la polarité masculine de lui donner forme. L'énergie du masculin oriente et structure l'énergie féminine. Ces limites qui encadrent l'énergie féminine empêchent sa dispersion et canalisent ses potentialités. Par ailleurs l'énergie féminine alimente la forme de l'intérieur, lui permettant de se transformer et d'évoluer.

Inséparables l'une de l'autre, ces deux qualités d'énergie sont faites pour se compléter. Le mouvement d'échange et d'interaction entre les énergies masculine et féminine assure l'harmonie du grand processus créateur qu'on appelle la vie. Quand ce mouvement intérieur est perturbé, l'information ne circule plus librement ou s'échange difficilement entre les pôles. Ces blocages de l'un ou de l'autre des pôles affectent l'équilibre du système tout entier. Pour mieux cerner la nature de nos difficultés relationnelles, de nos arrêts évolutifs et surtout des blocages qui nous empêchent d'être en sécurité et matures sur le plan affectif, nous allons approfondir davantage ce modèle de développement basé sur le jeu des polarités[1].

NOS DÉSÉQUILIBRES INTÉRIEURS

L'équilibre optimal de notre système émotionnel est assuré par l'échange harmonieux d'informations entre nos polarités masculine et féminine. Cependant, les expériences douloureuses de notre enfance nous ont poussés à nous identifier à une seule de ces polarités relayant l'autre dans notre inconscient. Dans cette séparation, les informations ne peuvent plus circuler entre les pôles. Par conséquent, la perception et la gestion de notre réalité tout entière s'en trouvent altérées.

Quand la structure créée par le pôle masculin ne peut plus être alimentée et régénérée par l'énergie féminine, elle cesse d'évoluer. Ne recevant plus l'impulsion nécessaire à son maintien et à sa transformation, elle est appelée à mourir. C'est ce qu'on expérimente quand sa vie devient terne et que l'ennui s'installe; on se sent mal dans sa peau sans toutefois arriver à savoir ce qui rendrait plus heureux. Totalement dissocié des besoins portés par la polarité féminine, on fonctionne alors à vide, recherchant à l'extérieur, des recettes miracles, des grandes causes à servir ou l'énergie des autres, pour nous amener à vibrer de l'intérieur.

Privée de la structure apportée par la polarité masculine, l'énergie potentielle féminine se développe aussi de façon anarchique. Ne pouvant être canalisée par le pôle masculin, elle pourra nous conduire à la culpabilisation constante, à la dépression et même au suicide. Ces forces souterraines qui ne peuvent être maîtrisées et orientées vers une activité créatrice se retournent alors contre nous. Paralysé devant l'action et incapable de s'intégrer à la réalité extérieure, on se perdra dans le monde de ses rêves et de ses illusions.

Si la coupure entre nos énergies masculine et féminine n'est que partielle, ces dernières peuvent tout de même s'ignorer, ou se saboter mutuellement. Étrangères l'une de l'autre, ces énergies ne voudront plus coopérer et deviendront des ennemies mortelles. Ainsi, quand l'une de ces énergies voudra s'exprimer en nous, l'autre utilisera la force de son pouvoir pour l'obliger à se taire ou à rendre les armes. Cet état de guerre intérieure est à l'origine des conflits dans notre vie affective et relationnelle.

Des signaux nous permettent de décoder ces perturbations dans le mouvement d'échange entre nos énergies de base. Ainsi, quand on a *perdu le contact avec sa polarité féminine* ou quand *la polarité masculine écrase et domine la polarité féminine*, on éprouve un impérieux besoin d'être en mouvement, que ce soit par le travail, les sports ou les loisirs. Il est difficile de s'arrêter. On évite ainsi d'être confronté à l'anxiété et à l'angoisse qui risqueraient de se réveiller en nous dans la solitude ou l'immobilisme. Quand cette connexion de base est absente, on pourra aussi se sentir très insatisfait de sa vie en général, s'ennuyer dans sa vie sexuelle ou à son travail. La routine extérieure se fait de plus en plus lourde à porter car le coeur est absent depuis longtemps. Comme on ne peut plus se ressourcer de l'intérieur, l'épuisement professionnel (*burn-out*) nous guette. Si, pour remédier à cet état de malaise intérieur, on procède à des changements extérieurs, ceux-ci nous éloignent encore davantage de nous-mêmes. Comme on ignore ce qu'on aimerait vraiment ou ce qui nous ferait plaisir, nos nouveaux choix sont inappropriés.

Dans nos relations affectives, on éprouve un besoin grandissant de contrôler. Un rien nous irrite et on se sent facilement menacé par les points de vue différents. Comme notre tolérance est au niveau zéro, on réagit aux obstacles de façon exagérée. Nos accès de colère peuvent aller jusqu'à la violence verbale ou physique. Parce qu'on voudrait n'avoir besoin de personne et être totalement indépendant, on évite l'intimité. L'état de vulnérabilité et d'ouverture nécessaire à la relation amoureuse nous fait paniquer car on a peur d'y être dominé et étouffé. Pour s'assurer d'une distance sécuritaire, on provoque des conflits et on se protège par de nombreuses fuites.

Quand *l'accès aux ressources de la polarité masculine nous est impossible ou quand cette énergie est étouffée par un débordement excessif de la polarité féminine*, les symptômes sont d'un autre ordre. Souvent paralysé devant l'action, on éprouve de grandes difficultés à faire notre place dans la vie sociale et professionnelle. Incapable de se discipliner suffisamment pour ne pas tout abandonner aux premiers obstacles, on préfère se réfugier dans le monde de nos rêves. Très dépendant de l'approbation des autres, on recherche leur attention tout en éprouvant de grandes difficultés à exprimer nos besoins et à poser nos limites. Une peur exagérée de la solitude nous pousse à accepter des relations de sur-dépendance dans lesquelles on s'oublie et se sacrifie, pour sauvegarder à tout prix notre connexion avec les autres. La déception, le désespoir et la déprime sont des états émotionnels qui nous paralysent.

La relation au corps physique est souvent difficile à vivre. Le corps étant le siège de grandes angoisses et de peurs incontrôlables, nos malaises physiques augmentent. L'intensité des émotions éprouvées menace d'engloutir notre fragile structure. Ne pouvant recourir à la force structurante du mental pour se maintenir à flots, on recherche désespérément la présence des autres pour se sécuriser. La relation avec soi-même est très difficile à vivre : on se juge sévèrement, on se compare et on envie les autres en éprouvant le sentiment d'être inadéquat et inférieur.

RECRÉER L'HARMONIE INTÉRIEURE

La souffrance générée par cet état de déséquilibre intérieur nous force à trouver des solutions de rechange pour rétablir un équilibre minimal à notre survie.

S'ÉQUILIBRER DE L'EXTÉRIEUR

Une première conséquence de cette séparation en soi des énergies masculine et féminine sera de confiner chacune d'elles à un domaine spécifique de notre vie. Alors que l'une sera responsable de la gestion de notre vie extérieure et professionnelle, l'autre pourra être mise à contribution dans notre vie affective. Cependant, ces spécialisations respectives rendront impossible le mouvement d'échange de ces énergies d'un domaine à l'autre. Prenons l'exemple d'une femme d'affaires très prospère mais qui est demeurée une petite fille fragile sur le plan amoureux. Elle jouit des ressources de sa polarité masculine pour assurer la réussite de sa vie professionnelle, mais se voit cependant incapable d'y avoir accès pour gérer sa vie affective. Pour atteindre son équilibre affectif elle aura besoin d'un partenaire au fort pôle masculin, un «papa» ou un macho, qui puisse la prendre en charge sur ce plan.

On ne s'étonnera pas que cette femme ne trouve pas le bonheur avec son partenaire amoureux : ou elle s'accrochera à lui comme à un maître, ou elle se sentira humiliée par son propre état de dépendance à son égard. Incapable de voir que son propre déséquilibre intérieur lui attire ces expériences relationnelles, elle voudra changer de partenaire, ne croyant pas avoir encore trouvé l'homme de sa vie.

Le changement extérieur découle de ce mode de fonctionnement des polarités. Il nous donne souvent l'illusion de faire des choses pour soi, alors qu'on cherche plus souvent à se fuir pour éviter d'affronter ses peurs. Il sert alors de compensation à notre coupure intérieure. Ce changement peut cependant être créateur et source de joie profonde quand il répond à un véritable besoin intérieur. C'est pourquoi on ne peut se permettre de porter un jugement sur l'expérience des autres; le même geste posé par deux personnes pourra découler de motivations totalement différentes. Ce qui sera une fuite pour l'une, pourra être un geste d'amour de soi et d'autonomie pour l'autre.

Afin d'illustrer ces deux niveaux de changement, prenons l'exemple de deux personnes qui posent le geste de quitter leur partenaire. Pour la première personne elle pourrait avoir peur de s'impliquer, peur des émotions reliées à l'intimité. Plutôt que de cerner et d'assumer en elle-même ces peurs réveillées par le rapprochement de l'autre, elle se cache sa propre vérité en se polarisant sur son partenaire, se référant à sa liste de critères souhaités, elle évalue que l'autre est trop comme ceci ou pas assez comme cela, bref qu'il ne correspond pas à son idéal sécuritaire. En refusant de se regarder dans ses peurs, elle passe à côté d'une opportunité de se connaître davantage, de guérir ces blessures du passé et de s'ouvrir à l'amour. C'est elle-même qu'elle leurre par sa recherche illusoire du partenaire idéal.

Pour la deuxième personne, la décision de quitter son partenaire sera un geste d'autonomie et d'affirmation de ses besoins réels. Choisir de sortir d'une relation de dépendance affective, dans laquelle on détruit son estime de soi, exige beaucoup de courage et d'intégrité. Ce n'est qu'en affrontant les peurs de la solitude, de l'abandon et du rejet qu'on arrive à libérer l'énergie nécessaire pour «se» mettre au monde.

S'ÉQUILIBRER DE L'INTÉRIEUR

La véritable transformation de soi implique toujours un profond changement intérieur car seulement cette étape nous permet d'avoir accès à nos forces cachées.

Pour réaliser son potentiel affectif, il faut d'abord découvrir et développer en soi l'énergie de notre polarité latente. Ces forces nouvelles seront graduellement intégrées à celles de notre polarité dominante pour nous épanouir dans notre relation avec nous-mêmes, dans nos relations avec les autres et avec notre environnement.

La symbolique du conte *La Belle et la Bête* illustre bien ce processus de transformation intérieure dans lequel on accepte de s'engager. La *Belle* peut être associée à nos forces connues, à notre façade, alors que la *Bête* représente notre ombre, tout ce qu'on a jadis relégué dans les profondeurs de notre inconscient. La magie n'opère que si l'on peut s'aimer de façon inconditionnelle à la fois dans notre façade et dans notre ombre. Alors, c'est seulement quand nos deux univers, conscient et inconscient, sont enfin réunis dans une authentique union d'amour, que notre mariage intérieur peut être célébré.

LES RÉSISTANCES AU CHANGEMENT

Changer est toujours difficile. En termes d'économie affective, le changement est associé à une perte. On a l'impression de devoir abandonner quelque chose avant de pouvoir profiter des gains associés à l'expérience qui s'ouvre devant nous.

Nous sommes terrifiés à l'idée de renoncer au connu, même douloureux (mais qui nous rassure), pour entrer sur le territoire de l'ombre. D'instinct, on pressent que l'on s'engage dans une lutte à mort contre nos peurs. La descente dans notre labyrinthe nous confronte à la menace de «la-mort-dans-la-vie»[2]. Parce qu'on a refusé de leur faire face, nos peurs se sont transformées en un monstre géant qui nous épouvante. Afin de reprendre le pouvoir qu'on lui a concédé, on doit se résigner à l'affronter mais on doute d'en sortir vivant. Plus les forces qui veulent se libérer et s'exprimer en nous sont puissantes, plus nos résistances se font grandes.

La bataille contre ce monstre et les résistances qui en découlent prendront une tonalité différente selon que notre processus impliquera une descente dans l'énergie de la polarité féminine ou encore l'émergence de l'énergie reliée à la polarité masculine.

S Identifié à sa polarité masculine, le processus de changement du SOLITAIRE prendra la forme d'une *plongée dans l'énergie de la polarité féminine.* Apprendre à entrer dans le monde de ses propres émotions lui assure un lien plus étroit avec les autres. Ce sera l'enjeu de cette initiation associée à l'épreuve de l'Eau[3]. Les peurs reliées à ce processus sont celles de perdre le contrôle de sa vie, de quitter la sécurité de ses normes, de ses idées et de ses habitudes, pour prendre le risque de s'ouvrir à son monde intérieur.

Le SOLITAIRE aura peur de faire confiance et de s'abandonner à la force de ses émotions. Il se sentira sans défense dans cet univers qui obéit à des lois qu'il ne maîtrise pas encore.

> Pour arriver à contacter son énergie féminine, le SOLITAIRE devra se mettre à l'écoute de son univers intérieur. En retirant la projection qu'il fait sur son partenaire fusionnel, il consent désormais à investir cette énergie pour développer sa relation avec lui-même.

S Il sera très affolé à l'idée d'accepter de rester dans cet espace d'impuissance, où le corps réagit et où les émotions se font de plus en plus intenses et menaçantes. Il est sans points de repère pour établir des comparaisons avec ce qu'il connaît de lui-même. Son rationnel ne lui est, ici, d'aucune utilité. Ce monde de désorganisation et de chaos lui semblera si angoissant qu'il sera souvent tenté de revenir à sa position initiale de critique ou de perfectionniste pour tenter d'étouffer ces aspects inacceptables de lui-même. Il est beaucoup plus facile pour un SOLITAIRE de se couper de sa peine et de sa tristesse (qu'il interprète comme une faiblesse ou de l'infériorité), que d'accepter de les laisser s'exprimer en lui. C'est à cet apprentissage d'ouverture et d'écoute intérieure que le SOLITAIRE sera soumis lors de son épreuve initiatique dans l'univers de la polarité féminine.

F L'initiation qui assure le *passage du* FUSIONNEL *à l'énergie de la polarité masculine* sera une épreuve par le Feu[3]. Dans ce passage, le FUSIONNEL accepte de sortir de la sécurité apportée par ses liens affectifs privilégiés pour prendre le risque de faire sa place au dehors, dans la jungle de la vie sociale et professionnelle. Dans ce nouveau pôle, il apprend à être moins altruiste. Il consent à identifier ses limites, à les poser et à les faire respecter. Cependant, pour un FUSIONNEL qui croit qu'on ne l'aimera plus s'il s'affirme, apprendre à délimiter son territoire sera très angoissant. Il sera confronté à ses peurs de déplaire ou d'être rejeté s'il prend le risque d'exprimer ce qu'il veut. Passer à l'action dans ce pôle qui le paralyse, l'obligera à apprivoiser le potentiel énergétique de sa colère.

Dans son processus de transformation, le FUSIONNEL se refuse désormais à utiliser son partenaire pour répondre à son besoin d'être pris en charge. Plutôt que de s'accrocher à l'autre pour se rassurer et se valoriser, il consent désormais à apprivoiser l'énergie des sa propre polarité masculine pour arriver à s'assumer.

F Dans l'énergie du pôle masculin, tout lui semblera froid, tranchant et analytique. Le FUSIONNEL paralyse quand il ne peut se sentir relié par la confiance du cœur. La discipline associée à cette nouvelle énergie lui fait très peur; il sera porté à se décourager. Fragile et vulnérable dans ses assises, il apprend à développer sa propre autorité. Il prend le risque de passer à l'action, de bouger malgré ses peurs.

La démarche de changement reliée au passage d'un pôle à l'autre est très paniquante à vivre, mais résister à la poussée d'expansion de notre être est aussi très douloureux. C'est une énergie folle que l'on gaspille à tenter de faire taire nos peurs, à essayer de trouver les moyens de combler l'ennui et le vide qui nous habitent. Malgré toutes ces manœuvres, les appétits du monstre enfermé au cœur de notre labyrinthe se font de plus en plus voraces. Plus il nous effraie, plus on sera tenté de répondre à ses demandes et plus ses exigences augmenteront. Dans ce cercle vicieux, plus on fuit devant lui, plus on lui concède de la force, moins on se sent d'attaque pour l'affronter. C'est d'ailleurs pour stopper ce cycle d'autodestruction que notre Soi nous attire dans des expériences-chocs qui, nous basculant dans notre pôle complémentaire, nous forcent à affronter nos peurs. À cause de la force de leur impact, ces expériences nous obligent à abandonner nos résistances, à lâcher prise et à nous ouvrir aux nouvelles dimensions de notre être.

CHAPITRE 4

LE LABORATOIRE DU COUPLE

De nombreuses dimensions de soi sont interpellées dans le contexte de la relation privilégiée. Utilisée comme outil de changement, la relation amoureuse devient un terrain unique pour s'observer avec courage et authenticité et pour approfondir la connaissance que l'on a de soi.

Selon le jeu de miroir et de complémentarité, l'autre nous renvoie à nos peurs et à nos besoins évolutifs fondamentaux. Les énergies profondes qui cherchent à s'exprimer en nous sont activées à son contact.

LA PROJECTION POSITIVE : L'ATTRACTION ENVERS MON PARTENAIRE

Le choix d'un partenaire amoureux n'est jamais le fruit du hasard : par sa complémentarité, ce partenaire nous fournit de précieuses informations sur notre potentiel à activer. Selon le jeu de projection positive, tout ce qui me fait vibrer chez l'autre, tout ce qui me fascine en lui, sera un reflet de ces mêmes forces latentes en moi [1].

La force d'attraction qui me propulse dans le champ électromagnétique d'une autre personne obéit à des lois universelles d'expansion et de croissance. Dans la rencontre amoureuse, le champ d'énergie de chaque partenaire s'active et vibre au contact de celui de l'autre. Dans cette interpénétration énergétique, les partenaires échangent une multitude d'informations à partir de leurs différents corps : physique, émotionnel, mental et spirituel. Le décodage de ces divers niveaux vibratoires me mettra sur la piste de mes forces à naître[2].

Quand *mon corps physique* est stimulé, comme c'est souvent le cas dans la passion folle et le coup de foudre, la vibration est alors située dans le sexe et le ventre. Quand ces premiers centres d'énergie sont éveillés, la relation amoureuse est axée sur le corps et la sexualité. Mon corps physique réagit en automate et avec force à l'énergie de l'autre. Obsédé par ses formes et sa présence, le contact physique m'allume. Cette vibration positive m'indique le besoin de m'enraciner davantage, de réveiller mon corps instinctif pour apprendre à lui faire confiance. En abandonnant mon corps à ce feu qui le consume, je suis invité à l'accepter dans sa fluidité et sa beauté unique d'homme ou de femme. À travers ce contact à l'énergie de l'autre, je réveille cette énergie latente en moi-même, pour apprendre à l'assumer de façon autonome.

Quand mon attrait pour l'autre fait surtout vibrer mon *corps émotionnel*, je suis touché et désarmé par la force de ses ressentis, sa disponibilité et son authenticité. C'est le besoin de me rapprocher de mes propres émotions, de devenir plus honnête envers moi-même qui commande mon désir de me rapprocher. Les énergies du plexus solaire et du cœur sont alors activées en moi. Dans le but d'apprendre à établir un pont de cœur à coeur avec moi-même et les autres, l'énergie de mon amoureux m'incitera à la disponibilité, au lâcher prise et à l'abandon de mes masques.

Si la fascination s'exerce plutôt au niveau du *corps mental*, je serai surtout envoûté par la force et l'originalité des idées de l'autre, par le jeu de sa logique et son pouvoir d'expression. Me retrouver avec ce type de partenaire me signifie que je suis prêt à apprivoiser ces mêmes dimensions en moi-même. Dans ce champ d'énergie, j'apprendrai à me détacher de l'opinion des autres pour développer mes propres points de vue, clarifier mes idées et apprendre à les honorer en les exprimant. Ici, les centres d'énergie de la gorge et du plexus solaire seront activés.

Ultimement, nos choix amoureux sont sous la gouverne de notre Soi, ce grand Maître de notre destinée. Quand la vibration amoureuse active mon *corps spirituel,* j'aurai l'impression de reconnaître l'autre, tellement sera présente la certitude intérieure d'avoir déjà partagé son champ d'énergie. Cette recognition n'est pas toujours consciente. Ainsi, je pourrai résonner devant quelqu'un ayant développé son intelligence intuitive, qui sera ouvert aux dimensions de l'invisible ou déjà activement engagé dans un processus d'éveil spirituel. À travers les visions de mon œil intérieur et de mon centre coronal, j'aurai reconnu dans l'énergie subtile de cette personne, mes rêves les plus profonds d'intégration et de réalisation.

Le phénomène de l'attraction se résume à cette résonance positive éprouvée pour quelqu'un qui porte notre potentiel à naître. J'ai besoin du contact de l'énergie de l'autre pour réveiller mes forces cachées. Plus j'accepte de me laisser travailler par son énergie, plus j'y suis ouvert et réceptif, plus je peux laisser émerger en moi-même ces dimensions intérieures d'abord reconnues et admirées chez l'autre. Le choc amoureux nous propulse dans ces régions nouvelles de notre être et cette expansion hors de nos limites nous procure un sentiment intérieur d'unité profonde.

Photo : Kathy Paradis

LA PROJECTION NÉGATIVE : RECONNAÎTRE SON CÔTÉ SOMBRE

Se mirer dans les yeux de quelqu'un qui porte notre potentiel à naître valorise l'ego[3]. Si l'autre détient le pouvoir d'activer nos forces, il possède aussi celui de réveiller nos peurs les plus secrètes. Cet autre qui m'a d'abord fasciné par ses facettes positives sera aussi le miroir de mes ombres, ces autres aspects de moi-même perçus de façon très négative.

La proximité m'amènera à percevoir chez l'autre ces aspects indésirables de moi-même. Par conséquent, les attitudes et les comportements que je vais détester chez mon partenaire, les habitudes et les défauts que je lui reprocherai lors de nos disputes, feront écho à ce matériel oublié. Les émotions que je ne pourrai supporter en lui seront un rappel douloureux d'émotions semblables chez moi. Mon réflexe de survie sera de le condamner et de lui en vouloir de me remettre en contact avec cette souffrance intérieure. À cet effet, les conflits vécus avec mon partenaire me fournissent de précieux indices sur ce champ d'ombre me voilant des dimensions cachées de mon être.

Dans mes réactions violentes à son égard, je serai amené à cerner les zones sombres où j'ai le plus de difficulté à m'accepter. Mes plaintes et mes reproches parlent de mes peurs et de mes blocages. Nos conflits servent souvent d'écran à la honte, à la culpabilité.

Se réapproprier ses propres projections négatives n'est jamais facile. Le geste nous confronte à notre impuissance, à tout ce négatif dont on s'est coupé parce que trop pénible à vivre. Dans le processus d'émergence du NOUVEAU COUPLE, on refuse désormais de se fuir, en prenant la responsabilité de ses émotions douloureuses. Retirer ses projections négatives se fait en reconnaissant ces aspects sombres comme nous appartenant.

> Reprendre son pouvoir, c'est accepter de guérir en soi les blessures du passé.

LE CIRCUIT FERMÉ DE NOS PEURS

Nos peurs relationnelles camouflent nos blessures d'amour, ces expériences douloureuses du passé dans lesquelles on ne s'est pas senti reconnu, accepté ou aimé de façon inconditionnelle. La peur nous dépossède de notre vrai pouvoir car elle nous soumet à ses lois. Pour se libérer de son emprise tyrannique, il faut cesser de la fuir et accepter de lui faire face.

Voyons comment la peur du rejet, l'une des peurs relationnelles les plus communes, nous emprisonne dans un circuit fermé et destructeur. Dans mon expérience relationnelle primitive et inconsciente, je me suis senti rejeté. Incapable d'assumer cette coupure, l'expérience douloureuse reste une blessure ouverte que je cherche à «protéger». Pour éviter de revivre une souffrance semblable, j'évite tout ce qui pourrait ressembler à des situations de non-acceptation de la part des autres. Ne prenant aucune chance, je m'organise pour rejeter les autres avant qu'ils n'aient le temps ou l'idée de me le faire. Je crois ainsi me prémunir contre cette douloureuse expérience. Coupé de l'énergie pénible de l'expérience pour ne pas la revivre, j'ai cependant introjecté[4] l'attitude du rejet. Par ce processus psychologique, j'ai appris à me rejeter moi-même et à me couper des autres devenant ainsi mon propre bourreau dans le mécanisme d'évitement de la souffrance.

Dans ce rejet de moi-même et devant ma fermeture intérieure, je serai porté à me croire rejeté des autres. La charge émotionnelle reliée au rejet et à la non-acceptation m'amènera à percevoir et à interpréter mes rapports aux autres à partir de cette lentille déformante. En conséquence, j'aurai constamment l'impression que les autres m'en veulent ou me fuient. Un geste, une parole, un regard suffiront à réactiver l'émotion douloureuse reliée à l'expérience non intégrée de rejet.

La conséquence la plus dramatique de ce cycle de survie, c'est que mes croyances à ce niveau vont effectivement m'attirer des expériences d'isolation et d'éloignement venant confirmer mes peurs les plus secrètes. Il ne peut en être autrement puisque toute ma structure interne gravite autour de cette souffrance taboue. Ce programme enregistré dans mon subconscient depuis l'enfance s'opère à mon insu et il s'enclenche de façon réflexe sitôt que survient une situation ressemblant à l'expérience initiale. Non seulement je décoderai tout mon vécu à partir de cette peur du rejet, mais je vais aussi créer ma réalité autour de ce noyau dans lequel je suis désormais emprisonné. (Voir le tableau 3)

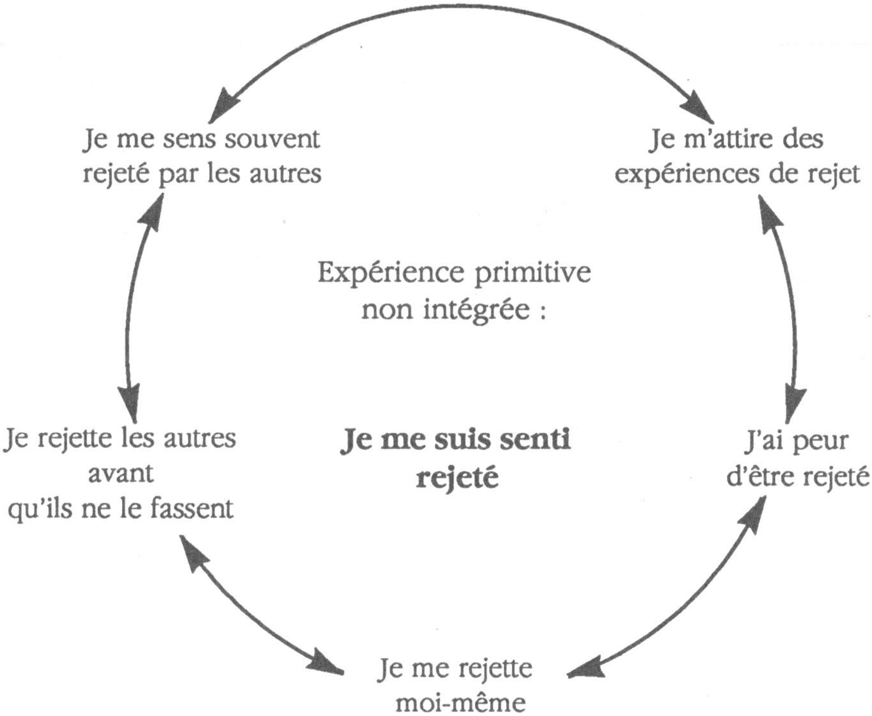

***Tableau 3** : Le circuit fermé de nos peurs nous emprisonnant dans notre souffrance.*

À l'origine de leurs perceptions, de leurs ressentis, de leurs croyances et de leurs comportements à la fois différents et complémentaires, on retrouve les peurs du SOLITAIRE et du FUSIONNEL.

Ainsi, le vécu et l'expérience du SOLITAIRE gravitent autour de ses peurs de perdre le contrôle, d'être dominé ou d'être envahi.

Les peurs du FUSIONNEL se greffent autour du noyau de l'abandon, du rejet et de l'impuissance devant l'autre.

Prisonniers de leur propre chaîne de comportements réflexes, le SOLITAIRE et le FUSIONNEL tournent en rond dans le labyrinthe de leurs peurs respectives. Les peurs de l'un alimentant celles de l'autre, aucun espace sécuritaire ne peut être ouvert pour une authentique rencontre. Comme la programmation à l'origine du scénario de survie est inconsciente, le reflet que l'autre m'offre dans la projection négative m'est indispensable.

DÉCODER LE REFLET DE MA DYNAMIQUE RELATIONNELLE

Selon la loi de résonance énergétique, la personne choisie pour me compléter reflète fidèlement l'*Homme* ou la *Femme* cachés que je porte en moi [5]. D'ailleurs, pour me sentir amoureux, je devrai reconnaître en l'autre une énergie semblable à la mienne. En observant quel genre d'homme ou de femme m'attire, j'en retire de précieux indices sur ma polarité cachée. Suis-je davantage fasciné par un enfant fragile à protéger ou par un père protecteur? Un adolescent qui se cherche, un héros qui a réussi ou un maître qui éveille? Ces types d'amoureux représentent les visages différents de notre *Homme intérieur* et autant de facettes à explorer pour épanouir notre énergie masculine. Notre *Femme intérieure* est aussi identifiable à travers nos choix amoureux. Mes faveurs vont-elles à l'amazone indépendante ou plutôt à la femme médium, un peu sorcière, qui sait lire dans les événements et les êtres ? Suis-je plus ouvert aux énergies d'une mère enveloppante ou aux pouvoirs d'une séductrice? Si je porte attention au type de femme qui m'attire, je peux savoir quelle facette de l'énergie féminine j'ai besoin d'explorer à cette étape de ma vie affective. En dressant un bilan de mes attractions, je peux déterminer à quel stade j'en suis dans le développement et l'intégration de ma polarité cachée[6].

La dynamique vécue avec mon partenaire amoureux est un autre moyen d'accéder à ma vie intérieure. En observant la trame de fond sur laquelle se tisse la vie du couple, on en retire de précieux indices sur le jeu d'échange entre nos propres polarités. Les énergies polarisées masculines et féminines en nous s'incarnent dans les personnages que nous adoptons et les rôles que nous jouons. Le mode d'échange et de communication avec notre partenaire amoureux sera toujours un reflet fidèle de la relation profonde entre l'*Homme* et la *Femme* en nous.

À partir de quelques modèles classiques[7], nous allons préciser les caractéristiques du lien unissant les partenaires du couple. Différents types de dynamiques peuvent s'instaurer entre les partenaires en fonction du mode de polarisation de leurs énergies.

	Pôle masculin		Pôle féminin
1.	Maître	————————	Esclave
2.	Amazone	————————	Gentil garçon
3.	Bourreau	————————	Victime
4.	Papa gâteau	————————	Petite princesse
5.	Séducteur	————————	Ingénue

***Tableau 4** : Quelques modèles de dynamiques relationnelles polarisées.*

1. La dynamique *Maître / Esclave* fait ressortir un lien polarisé dans la gamme de la domination / soumission. D'un côté on commande, on donne des ordres et on exige; de l'autre, on se soumet en silence.
2. La relation *Amazone / Gentil garçon* se polarise autour du contrôle par la colère ou par la gentillesse. D'un côté on lutte pour être reconnu, faire sa place, et la colère ouverte sert d'outil à cette démarche; de l'autre, par peur de déplaire, on ravale sa colère et on tente d'être reconnu pour sa gentillesse.
3. La dynamique *Bourreau / Victime* est polarisée autour de la notion de responsabilité. D'un côté, un partenaire, le bourreau irresponsable, utilise l'arme de la culpabilité pour atteindre l'autre, le manipuler et le soumettre, alors que, dans le pôle de la sur-responsabilité, la victime subit, se sacrifie et se culpabilise elle-même.

4. La relation *Papa gâteau / Petite fille* se cristallise autour du donner-recevoir. Dans l'énergie de la polarité masculine on donne pour gagner à soi et garder, alors qu'à l'autre extrémité, on joue sur sa propre fragilité, sa faiblesse et ses manques, pour attirer à soi.
5. Quant au modèle *Séducteur / Ingénue*, il s'organise autour de la sexualité. Dans l'énergie de la polarité masculine, la valorisation personnelle est associée à l'art de la chasse et de la conquête : «L'autre m'appartient, je le possède.» Dans l'autre pôle, la valeur de soi est associée à l'attente, au fait que l'autre nous remarque et apprécie notre beauté.

Dans ces modèles polarisés, les rôles s'imbriquent si parfaitement qu'un seul pôle est impossible à maintenir sans être alimenté par l'énergie de l'autre pôle.

Se retrouver dans l'énergie d'un pôle n'a absolument rien à voir avec le sexe biologique, avec le fait d'être un homme ou une femme [8]. Souvent, le modèle reproduit sera la réplique de la dynamique relationnelle familiale, la seule qu'on ait pu apprendre. Tous ces modèles sont donc réversibles. Ils peuvent être pris autant au masculin qu'au féminin. Ainsi, la dynamique *Amazone / Gentil garçon* pourrait se vivre aussi en polarité inversée dans une version *Héros / Petite fille*.

En approfondissant les rôles du *Maître* et de l'*Esclave*, on sera plus à même de comprendre la relation intérieure qui sert d'empreinte à cette dynamique relationnelle. Le rôle de l'esclave est tenu par un individu dont la vie intérieure est dominée par l'énergie tyrannique de sa polarité masculine. Exigeant et sévère, son *Homme intérieur* ne peut accepter la fragilité de sa *Femme intérieure*. Impuissant devant ses besoins, il la veut muette, écrasée à ses pieds. Pour obtenir sa ration d'amour, elle tait ses propres besoins et disparaît. Incapable de répondre par lui-même aux besoins de sa *Femme,* cet individu recourt à la protection extérieure pour se sentir aimé et rassuré. Toutefois, comme le seul type d'énergie de protection qu'il connaisse est reliée à la tyrannie et à la violence, il devra la retrouver chez son partenaire pour se sentir sécurisé, en territoire connu.

Dans la polarité du *Maître,* on retrouve une personne dont la *Femme intérieure* a été réduite au silence. Menacé par ses besoins et ses demandes incongrues, son *Homme* l'a bâillonnée. Elle n'a droit à son regard que si elle se conforme à ses exigences. À ses yeux, elle n'a aucun droit si ce n'est que d'être à son service, disponible pour lui.

En trame de fond, la structure interne de la dynamique *Maître / Esclave* est la même pour les deux partenaires. Tous deux ont une polarité masculine hyper développée tyrannisant leur polarité féminine qui tait ses propres besoins. Ils partagent donc le même mode de relation entre leurs énergies masculines et féminines intérieures.

Pour se compléter et se sentir amoureux, ils devront reconnaître, ressentir chez l'autre le même profil énergétique. Ce mode de relation intérieure est recréé avec le partenaire extérieur, car il est le seul à avoir été maîtrisé depuis l'enfance. Ces personnes vont d'ailleurs saboter les dynamiques positives et nourrissantes ne correspondant pas à leur empreinte de base. Dans ce cas-ci, elles se retrouveraient impuissantes et démunies en face d'un partenaire dont la *Femme intérieure* serait reconnue et valorisée.

Pour arriver à prendre conscience de leur impasse, elles devront avoir expérimenté l'univers des deux pôles, qui sont en réalité l'envers et l'endroit de la même médaille. C'est en s'expérimentant dans chacun de ces pôles qu'elles arriveront à prendre conscience de la dynamique intérieure mise en place.

La relation entre notre *Homme intérieur* et notre *Femme intérieure* n'est pas toujours aussi extrême et le jeu de pouvoir entre eux peut être beaucoup plus subtil, comme dans le modèle du *Papa Gâteau* et de sa *Petite Princesse*. Ici, le partenaire dans sa polarité masculine se valorise à donner et à gâter l'autre qui ne demande pas mieux que de recevoir. Dans le pôle féminin de cette dynamique de couple, j'ai besoin d'apprendre à faire confiance à mon *Homme intérieur*. J'apprends à m'ouvrir à ses initiatives sans me sentir dépossédé de mon propre pouvoir. Je consens à me laisser guider par son énergie pour soutenir celle de ma *Femme intérieure*. Je prends des initiatives concrètes pour répondre à mes propres besoins. Je cesse d'être en attente et je passe à l'action pour honorer mes propres besoins. Rien de ce que mon partenaire pourra me donner ne réussira à combler le vide laissé par le manque de contact entre mon *Homme intérieur* et ma *Femme intérieure*.

On se retrouve dans le pôle masculin de ce modèle pour apprendre à donner, non pas à notre partenaire extérieur, mais à notre *Femme intérieure*. Cette *Femme* en nous a besoin qu'on lui donne notre temps et notre attention. Elle attend qu'on la gâte davantage, qu'on en fasse sa *reine*. Elle est en manque de tout ce qu'on s'ingénie si habilement à donner à l'autre. Si je réussis à lui donner ce qu'elle demande, il me sera plus facile d'inverser les pôles et d'accepter de recevoir de mon partenaire. Les reproches adressés au partenaire seront de précieux indicateurs des besoins cachés de cet *Homme* ou de cette *Femme* en nous.

La dynamique du couple que nous formons à l'extérieur est toujours une photocopie du couple intérieur, du mode de relation existant entre notre *Homme intérieur* et notre *Femme intérieure.* Ainsi, tout déséquilibre dans une relation amoureuse doit d'abord être interprété comme le signe d'un malaise existant en soi. Accuser l'autre de ne pas répondre à nos attentes ou se blâmer de ses mauvais choix relationnels accentue la séparation intérieure. Il faut donc apprendre à décoder le modèle d'énergie qui sert de matrice à ces choix pour éviter de les reproduire dans nos relations. Changer le partenaire extérieur ne modifie en rien la dynamique intérieure qui nous attire dans l'énergie de ces expériences polarisées. C'est uniquement en conscientisant et en transformant l'interrelation entre notre *Homme intérieur* et notre *Femme intérieure* qu'on pourra élargir le registre de nos choix amoureux. Parfois on aura besoin de vivre plusieurs expériences dans la même dynamique avant de pouvoir vivre une relation satisfaisante.

Pour accéder au changement, il faut d'abord être prêt à regarder la vérité en face. La prise de conscience nous permet de découvrir les personnages intérieurs dont les besoins ne sont pas entendus.

DE LA THÉORIE AU VÉCU

Pour illustrer les étapes d'une ***démarche d'investigation de soi*** à partir des modes relationnels et du jeu des polarités, je vous livre l'expérience personnelle à laquelle j'ai été moi-même confrontée pendant plusieurs années de ma vie relationnelle.

Situation de vie : Je me retrouvais seule après une relation de 12 ans dans le modèle *Amazone / Gentil garçon*. Cristallisée dans l'énergie de ma polarité masculine, tous mes efforts y avaient été canalisés pour essayer de changer l'autre. Je refusais de me regarder. Dans ma croyance de SOLITAIRE, l'autre n'était pas assez parfait pour répondre à mon idéal amoureux. Après quelques démarches thérapeutiques seule et en couple, j'ai quitté mon conjoint avec le sentiment d'avoir échoué et d'être morte sur le plan affectif.

Problème cerné : Par la suite, je me suis attiré à répétition des hommes non disponibles, incapables d'engagement. Chaque fois, je m'enflammais et m'attachais très vite, mais eux s'éloignaient. Si bien que je n'ai vécu que des peines d'amour.

À la recherche des causes : Ma première investigation se limitera à des causes extérieures :

- Ma formation universitaire de sexologue insécurise peut-être les hommes. La sexualité, comme telle, a longtemps été leur champ d'expertise, le domaine où ils prouvent leur virilité, leur masculinité.
- Mon statut de femme séparée : si après 12 ans de vie commune, la relation a échoué, les hommes peuvent craindre de subir le même sort. Ne prenant aucune chance, ils reculent dès le début.
- Mes enfants de six et huit ans, à l'époque : cette possible compétition peut être difficile pour certains hommes.

Tentatives de solution (avortées pour la plupart)

- Pour ne pas m'attacher trop vite, je tentais de jouer à l'indépendante. Dans la conquête, j'espaçais les rencontres pour mieux contrôler la marche de la relation. Sitôt que la sexualité entrait en jeu, tout chavirait en dedans et c'est là que je me sentais piégée, car mon besoin de l'autre augmentait alors qu'il se défilait!

- J'ai alors changé mes lieux de rencontre, optant pour des boîtes où les hommes étaient plus âgés. J'ai constaté que c'étaient eux qui se faisaient les plus distants. Quand j'ai répondu aux annonces de partenaires dans le journal, le même pattern s'est répété.

- Croyant être trop exigeante, j'ai réévalué mes critères de sélection. Je passe alors du professionnel cossu et installé, à l'intellectuel engagé, à l'artiste, au sportif... Néanmoins, j'étais toujours prisonnière du même scénario.

Mon état intérieur : Coïncée dans ce cul-de-sac relationnel, je me sentais de plus en plus agressive et cynique envers les hommes :

- Je leur reprochais de ne pas avoir de..., de n'être que des peureux. (Plusieurs m'avaient avoué que je leur faisais peur.) À l'époque, je n'avais aucune idée de ce qui pouvait les faire réagir ainsi. Les raisons objectives que j'avais déjà décelées ne me semblaient pas justifier cette fuite de leur part.

- Je ne croyais plus qu'il puisse exister des hommes voulant s'engager. J'en arrivais à les voir tous comme des profiteurs, seulement intéressés par le sexe.

- Je me sentais de plus en plus méfiante et arrogante envers eux.

- Par peur de les éloigner encore davantage, je taisais mes besoins de plus en plus grandissants, quand je me retrouvais en présence de l'un d'eux.
- Cependant, je réalisais que j'étais incapable de me sentir attirée par un homme que je n'avais pas moi-même choisi. Si c'était lui qui s'avançait, d'instinct je reculais. Donc quand un homme était disponible, je ne me sentais pas allumée.
- Je me sentais littéralement piégée, coïncée dans un cycle infernal auquel je ne voyais absolument aucune issue.

Constat le plus évident : Une importante partie de moi-même criait son besoin d'un homme. Je paniquais à l'idée d'être seule, sans la force et la sécurité apportées par l'attachement à quelqu'un. À l'époque, l'éventualité de passer une fin de semaine toute seule me terrifiait. Cependant, d'autres voix se font aussi entendre en moi : «les hommes me font..., je ne veux pas être si dépendante d'eux, je devrais pouvoir m'organiser toute seule.» Plus je refusais mes besoins de dépendance, plus j'en voulais aux hommes et plus je me sentais agressive envers eux. Dans cette chaîne de réactions, plus ils se dérobaient, plus je me sentais impuissante à les retenir et plus ma colère augmentait. Les violents fantasmes de castration qui m'habitaient me faisaient paniquer...

La prise de conscience : Puis un jour, quelque chose a bougé en moi. L'événement qui a tout déclenché reste imprécis, mais la question qui est montée en moi était aussi imprévisible que l'onde de choc qu'elle allait provoquer : *Se pourrait-il que ce soit moi qui ne sois pas disponible, moi qui aie peur de m'impliquer et de m'engager ?* De façon intuitive, je sentais que ce questionnement était une clé qui allait m'ouvrir la porte à de nouvelles dimensions de moi-même.

Liens avec le passé : C'est avec un regard différent que j'ai analysé mon histoire. Le thème de la non-disponibilité semblait me coller à la peau depuis très longtemps. Dans mes découvertes thérapeutiques, j'ai réalisé que mon père était affectivement absent, qu'il n'avait pas été disponible pour la petite fille que j'avais été. Je n'avais pas pu apprendre et intégrer le fait qu'un homme puisse se rendre disponible pour moi. À partir de cette expérience primitive de manque, j'avais sûrement adopté la croyance qu'aucun autre homme ne saurait davantage le faire. Du côté de ma mère, le même scénario se répétait. Menacée par la force de ses propres émotions, elle s'était recluse dans sa polarité masculine, ne pouvant répondre à mes besoins de reconnaissance et de validation affectives. Ainsi, mon expérience familiale avait été impuissante à rassurer la petite fille vulnérable que j'étais, à l'époque. Très vite, j'avais donc appris à avoir honte de cette vulnérabilité et compris qu'il était beaucoup plus sécuritaire pour mon besoin d'amour d'apprendre à le camoufler au plus profond de moi.

Les conséquences de ce programme de base sur mes relations amoureuses devinrent alors évidentes. «Ma mère mon miroir[9]!» Comme ma mère, j'étais emprisonnée dans ma polarité masculine. Selon la loi de complémentarité, je réalisais que j'avais toujours été attirée par des hommes comme mon père, soit dans leur polarité féminine. Au début d'une relation, en pleine conquête, j'appréciais avoir un homme à mes pieds, totalement à mon service. La petite fille blessée en moi s'en trouvait rassurée, puis flattée. Cependant, je me lassais vite de cette relation à sens unique. Je tentais alors désespérément de provoquer mon partenaire pour qu'il se réveille et bascule dans son pôle masculin. À l'époque, je ne réalisais pas que j'étais incapable, à mon tour, de changer de pôle. Pourtant je ne voulais plus de cette dynamique relationnelle de plus en plus déséquilibrante et douloureuse. Ne voulant plus la reproduire, je me trouvais en bataille intérieure entre cet ancien pattern insatisfaisant, qui était tout ce que je connaissais, et le nouveau qui voulait émerger.

En termes de polarité, comment puis-je me décrire dans cette recherche de partenaire ? Portée par les vents du féminisme, je me sentais très à l'aise dans le costume de l'*Amazone* : «Je sais qui je veux et quand quelqu'un m'attire je fais tout ce qui est en mon pouvoir pour aller me le chercher.» Mon besoin de dominer s'illustrait par mon goût de la chasse et la conquête. Dans la force de mon pôle masculin, je ne devais pas me surprendre de faire peur à certains hommes. D'autant plus que je me retrouvais en compétition avec le nouveau modèle d'homme que je voulais attirer : un homme dans sa polarité masculine. Néanmoins, je me sentais piégée et de plus en plus restreinte dans mon choix de partenaires. Je faisais peur aux uns et je méprisais les autres (ceux que j'attirais par la loi de résonance énergétique et qui étaient dans leur polarité féminine).

Après quelques relations avortées et de nouvelles démarches thérapeutiques, il me manquait toujours d'importantes pièces pour finaliser ce coin du puzzle de ma vie affective. Et là, subitement, alors que je ne l'espérais plus, je me suis retrouvée follement amoureuse d'un homme qui m'avait séduite. Devant lui je fondais littéralement, incapable de maîtriser la force des émotions qui m'habitaient. Du jour au lendemain, je me suis retrouvée dans la dynamique *Maître / Esclave.* L'énergie de cet homme avait réussi à briser la force de mes défenses. Il était mon dieu; j'aurais tout fait pour lui! Ainsi, j'ai eu besoin de la force et de l'intensité de cette passion pour me faire basculer dans ma polarité féminine. J'ai alors retrouvé l'énergie de la petite fille fragile et vulnérable ayant peur d'être abandonnée, de perdre l'amour et de ne pas être aimée. Que de souffrances... mais aussi que d'intensité dans les montagnes russes de cette passion!

Prisonnière de l'ombre : C'est après cette relation déchirante mais combien enrichissante, que j'ai pu avoir accès à de nouvelles informations sur les fondements de ma vie affective et relationnelle. Je venais de prendre contact avec une nouvelle partie de moi, ma polarité féminine naissante. J'ai alors vu pourquoi je méprisais tant les hommes dans leur polarité féminine. Pour se sentir en sécurité et protégée, ma petite fille intérieure avait besoin d'un homme dans sa polarité masculine. Quand, par le jeu de miroir, je me retrouvais avec un homme qui me renvoyait à ma propre polarité féminine que je refusais de voir et dont j'avais honte, je me sentais menacée. Ce que je méprisais à travers lui, c'était toute cette dimension cachée que je ne pouvais accepter en moi : cette petite fille en manque d'affection, excessivement fragile et vulnérable. C'est pourquoi j'ai alors eu besoin du choc d'une folle passion pour me forcer à relâcher mes mécanismes de défense. Sans ce lâcher prise, cette petite fille intérieure n'aurait jamais pu voir le jour, car elle était terrifiée et errante sur les territoires de l'ombre.

Quels gains pouvais-je donc retirer à me retrouver avec des hommes non disponibles ? Il est certain que mon *Homme intérieur* n'appréciait pas du tout faire de la place à un autre homme avec qui il était en compétition. Comme il était responsable de me protéger, donc d'empêcher ma petite fille intérieure de souffrir, il résistait très fort au fait que je me retrouve avec un homme disponible. Mon *Homme intérieur* défendait son poste tellement bien, qu'il m'empêchait de me retrouver trop longtemps avec quelqu'un de disponible.

Tant qu'il était ainsi le maître de ma vie, ma petite fille fragile et vulnérable n'avait aucune chance de se faire entendre. Donc le fait de me retrouver avec des hommes non disponibles m'empêchait d'identifier les besoins de ma petite fille intérieure et par conséquent de pouvoir y répondre. Mon *Homme intérieur* faisait la loi dans ma vie affective, sommant ma petite fille d'être à la hauteur de ses nombreuses exigences. Devant lui, elle avait honte de ressentir tous ces manques et d'éprouver ces besoins d'être rassurée et acceptée. Elle s'en voulait même d'exister. Elle ne pouvait pas s'aimer parce qu'à ses yeux à lui, elle n'était pas aimable. Elle avait l'impression qu'on ne l'avait jamais aimée pour elle-même, telle qu'elle était et cela la rendait profondément triste et malheureuse.

Dans ma nouvelle relation avec cet homme disponible, elle était enfin sortie de l'ombre cette petite fille intérieure qui mendiait tant d'attention et d'amour. Désormais, il me faudrait apprendre à l'aimer et à lui donner sa place dans ma vie. Une nouvelle phase de mon histoire affective s'ouvrait. Dans ma quête d'harmonisation intérieure, j'allais devoir apprendre à prendre contact et à négocier avec les besoins souvent très contradictoires de mon *Homme intérieur* et de ma *Femme intérieure.*

De nouveaux indices me sont fournis par mes rêves. Les rêves sont de puissants indicateurs de ce jeu constant des polarités en nous. Chaque nuit, notre Soi nous convie à des représentations spéciales du grand film de notre vie. Quand j'expérimentais la dynamique *Maître / Esclave*, un thème revenait souvent dans mes rêves.

Ma femme, toute nue sous son manteau de fourrure, avait peur de son amoureux, car il lui avait volé tous ses bijoux, l'un après l'autre, Elle ne gardait à son cou, qu'une chaîne d'or ornée d'un pendentif en forme de cœur. Quand il a voulu lui enlever en lui faisant l'amour, elle a crié un «non» terrible et a commencé à le poursuivre pour le tuer. Elle a peur de lui, mais réussit quand même à le poignarder à plusieurs reprises, dans un escalier. Comme il est plus vivant que jamais et qu'il continue à rire, elle change d'arme et utilise une scie mécanique. Elle le poursuit jusqu'à l'extérieur où il se sauve dans le bois adjacent en lui criant, de son rire démoniaque, qu'il reviendra et qu'elle ne réussira jamais à le tuer.

Consumée par le feu de ma passion, je n'ai pas compris tout de suite le message, pourtant assez clair, de mon Soi. Dans les mois qui ont suivi la rupture, j'ai vu que ce rêve était un clip très fidèle de mon vécu de l'époque. Ma *Femme intérieure* se sentait dupée et dépossédée de ses trésors par mon *Homme intérieur.* Ce que je vivais alors dans ma vie amoureuse était le reflet de ce qui se passait en moi; ou bien, je mettais en scène, dans ma relation avec l'autre, ce que je vivais intérieurement dans ma relation avec moi-même. Totalement obnubilée par l'homme que j'aimais, j'étais à son service, corps et âme. Il me possédait. Dupée, ma *Femme intérieure* se révoltait et lui en voulait à mourir. Sûr de son pouvoir sur elle, mon

Homme intérieur s'effaçait de façon temporaire. Il savait qu'elle ne pourrait jamais se débarrasser de lui. Elle en avait trop besoin, croyait-il.

En nous faisant voir notre situation intérieure, nos rêves nous permettent de reprendre contact avec les énergies essentielles qui sont à la base de notre dualité d'être. L'état d'affrontement entre nos polarités masculine et féminine, entre notre *Homme intérieur* et notre *Femme intérieure* nous invite à des changements profonds. Souvent dépassé par la force des énergies alors activées en soi, on tente de les retenir ou de leur résister plutôt que de leur faire confiance pour nous livrer les réponses à nos difficultés.

L'attente

Qui est cette femme en moi
qui se languit de toi
qui se meurt d'attente.

Elle cherche sa voix
elle cherche sa voie
car elle n'est que silence
muette et paralysée
par trop d'attente.

Seule sur sa couche de jeune épousée
elle attend le retour de son amour
qui se grise de ses conquêtes
sur des terres lointaines.

Seule, loin de son homme
elle est devenue la petite fille fragile et vulnérable
celle qui pleure pour un rien
qui a peur dans le noir
qui a peur quand elle est seule
et que la peur rend méfiante
exigeante et agressive.

Elle a même perdu
le souvenir de la magie de son enfance
ce moment féerique
où elle était libre et joyeuse
où elle savait le langage de fleurs et des oiseaux
où elle courait dans les champs
à l'écoute de leurs secrets.

C'était le temps de l'innocence de son pouvoir
où elle savait se couler dans le mouvement du vent
et devenir le ressac des vagues sur la côte.

Enterrés ses souvenirs de l'odeur du foin
fraîchement coupé et de ces terres labourées
qu'on retourne avant les semailles.

Elle n'entend plus l'eau du ruisseau
qui se réveille au printemps,
ni les cris joyeux des canards
qui descendent au lac pour la baignade.

Et où sont donc passés ses chats,
ceux qu'elle a tant aimés et pleurés
quand ils ne sont plus revenus?

Oublié
ce temps heureux
où elle savait ne faire qu'un avec la Vie.

Et où est donc passé sa guerrière, sa rebelle
celle qui défendait ses sœurs
quand elles étaient menacées
celle qui était toujours devant
et qui ouvrait la voie aux autres
celle qui contestait
le pouvoir de l'autorité des autres sur elle?

Tout cela s'est tu, s'est endormi
et seule avec sa peine, elle attend son prince
celui qui réveillera ses souvenirs
qui la sortira de sa torpeur,
celui qui lui rendra sa vie.

Pendant ce temps
son prince, son homme
cumule défis et conquêtes
sur des terres arides et sauvages.

Sa vie est centrée sur le faire et sur l'avoir.
Il a toujours cent mille projets en tête
jamais le temps de s'arrêter
pour entendre l'appel de sa bien-aimée.

Le temps lui manque.

Sa vie est un chef-d'œuvre d'organisation
et de maîtrise
car il ne peut admettre être pris au dépourvu.

Il lui faut tout prévoir et planifier.

Surtout ne rien laisser au hasard.

Cette hantise de la perfection qui l'habite
le transforme parfois en tyran.
La vulnérabilité et l'impuissance
n'ont pas leur place dans son monde.

Coupé de son corps,
il y a longtemps qu'il a fait taire ses émotions.

Pas question de perdre la face et de se montrer faible
devant les autres
car sa vie est bâtie sur le paraître,
sur son masque de force et d'impassibilité.

Et rien ne semble le toucher ou l'atteindre
surtout pas les pleurs d'une jeune femme en attente.

Avril 1991

CHAPITRE 5

LE TERRITOIRE DE L'OMBRE :

EXPLORER L'AUTRE PÔLE

Le jeu de disponibilité et de retrait entre les partenaires du couple est à l'image de la relation que chacun établit entre son *Homme intérieur* et sa *Femme intérieure*. Dans un scénario d'échange idéal entre nos énergies polarisées, c'est notre *Femme intérieure* qui montre le chemin. D'instinct, elle sait ce qui est bon pour nous. Elle porte nos goûts et nos attentes. Chevalier servant, notre *Homme intérieur* doit soutenir la vision et l'inspiration de notre *Femme intérieure* en prenant des moyens concrets pour réaliser ses rêves. Sans la coopération et l'expertise de notre *Homme intérieur*, le rêve ne peut se concrétiser.

Parfois, notre *Homme intérieur* a peur d'être emporté par la force souterraine du pouvoir de notre *Femme intérieure*. Il craint de sombrer dans la folie de ses rêves impossibles. Démuni devant sa puissance qu'il n'arrive pas à comprendre et à contenir totalement, il peut réagir avec violence pour lui imposer ses propres vues. S'il garde la maîtrise, elle demeure prisonnière de son propre univers de potentialités. Non reconnue dans ses aspirations profondes, elle apprend à se taire et à attendre. Incapable de concrétiser ses rêves, la joie s'envole de son cœur qui se referme toujours davantage au plaisir de vivre.

L'échange harmonieux entre les énergies de nos deux polarités est à la base de notre équilibre intérieur et de notre capacité à maintenir des relations affectives nourrissantes et épanouissantes. Notre bien-être personnel et relationnel est étroitement associé à la libération et à l'harmonisation de ces forces intérieures.

S'AVENTURER DANS L'UNIVERS DE L'AUTRE

Même si l'expérience de notre partenaire nous sert de balises pour l'exploration du pôle que nous n'avons pas développé, la décision d'y entrer réveille notre insécurité. D'instinct, on sent qu'on ouvre la porte à nos plus grandes peurs et cet inévitable face-à-face nous terrifie.

LA VULNÉRABILITÉ DANS LA ZONE DE PASSAGE

Entrer de façon consciente dans le champ de l'autre polarité comporte des risques. On s'avance à découvert sur le territoire de l'autre, dans cette énergie manquante qu'on a toujours cherché à combler à travers nos relations amoureuses. D'entrée de jeu, on accepte de laisser à la porte nos masques et nos façades pour se présenter nu devant l'autre. Sans la protection de nos anciens mécanismes de défense, cette ouverture et ce dévoilement de soi s'accompagnent d'une grande insécurité intérieure.

Sur le terrain de nos peurs archaïques, on craint que l'autre ne profite de notre fragilité pour nous démolir ou nous blesser davantage. Sensible et méfiant, notre radar de survie est en service pour détecter le moindre signe de non-acceptation, de fermeture ou d'attaque, de la part de l'autre. En état d'alerte rouge, on réagit comme si on se retrouvait en territoire ennemi. Notre plus grande peur est que l'autre soit incapable de nous recevoir de façon inconditionnelle.

ÊTRE REÇU PAR L'AUTRE ET LE RECEVOIR

Dans ma zone de fragilité, je redeviens le petit enfant démuni et vulnérable de mon enfance. J'ai alors besoin d'*être reçu, accepté et entendu de façon inconditionnelle.* J'attends de l'autre une écoute et un accueil sans limites, un support sans aucune condition. J'ai besoin qu'il soit pour moi un parent aimant et un thérapeute empathique. Son acceptation me semble indispensable pour arriver à m'accepter dans ces dimensions intérieures dans lesquelles je me juge. Plus je me sentirai inquiet, plus mes attentes à son égard seront grandes.

> J'attends que mon partenaire me donne l'attention et la validation que je n'ai jamais reçues de mes parents ou des figures marquantes de mon enfance. C'est en prenant le risque de lui exposer mes blessures que j'apprends à les accepter et les aimer.

Recevoir l'autre dans sa vulnérabilité est une expérience à la fois gratifiante et difficile. En me laissant accéder à son univers le plus intime, l'autre me reconnaît dans mon propre pouvoir, dans ma capacité de l'accompagner dans la zone taboue de ses insécurités.

Seules ma présence et mon acceptation aimante pourront le rassurer dans ses peurs. Il attend de moi accueil et écoute. Cette position d'aidant sera facile à tenir quand je me sentirai en harmonie avec moi-même, en sécurité sur mon propre territoire. Je pourrai rester en état de disponibilité quand nos besoins respectifs ne seront pas en compétition ou quand je pourrai temporairement oublier les miens, afin d'être à l'écoute des siens. Il me sera impossible de le recevoir avec amour quand je serai dans ma propre zone de fragilité et d'impuissance. En état de déséquilibre intérieur j'aurai, à mon tour, besoin d'être rassuré.

Les peurs de l'autre ont le pouvoir de me faire basculer dans ma zone de vulnérabilité, dans mon impuissance. Par le phénomène de résonance énergétique, mes insécurités profondes se réveillent au contact de celles de l'autre. Je ne peux plus, alors, le recevoir. Je me sens soudainement sur la défensive. Pour me protéger des émotions qui remontent en moi, j'actionne mes mécanismes de défense habituels, soit l'humour, les conseils, l'attaque, le jugement, le retrait, le cynisme ou la fuite. Devant mon retrait, l'autre se sentira trahi, manipulé, rejeté ou abandonné, ayant l'impression de ne pouvoir faire confiance à personne. Ce scénario le confirmera dans ses croyances qu'on ne peut pas l'aimer dans ces aspects de lui-même qu'il juge indignes d'amour.

Cette impuissance de l'autre à nous refléter l'image du parent aimant, nous obligera à revenir à soi pour y faire l'apprentissage de l'accueil et de l'amour de soi dans ces dimensions intérieures. Ce travail de maturation affective constitue l'enjeu du NOUVEAU COUPLE.

DU MODE FUSIONNEL AU MODE SOLITAIRE

F Le passage du pôle féminin au pôle masculin est caractérisé par l'apprentissage de l'éloignement et du détachement[1]. La tâche principale du FUSIONNEL est d'apprendre à se différencier de l'autre, à sortir de son champ magnétique pour consolider les assises de son moi séparé.

Pour arriver à délimiter les frontières de son propre territoire et ne plus se percevoir comme une extension de l'autre, le FUSIONNEL a besoin de revenir à lui-même. Apprendre à identifier ses limites, à les poser et à les faire respecter, tel sera le travail exigé de lui sur le nouveau territoire de sa polarité masculine[2]. Sortir du monde de la fusion ne lui sera pas facile, car toute sa structure interne et son identité gravitent autour de ce noyau.

Paniqué à l'idée de se retrouver seul, il aura souvent attendu à la limite extrême pour sortir du *nous*, se retrouvant désespéré devant ses attentes non comblées. Afin de se sentir à l'aise dans le mouvement de distance qu'il amorce par rapport à l'autre et à la relation, il devra négocier avec plusieurs de ses croyances et de ses peurs. Ainsi, il vivra beaucoup de culpabilité à prendre de la distance, car il aura peur qu'on ne l'aime plus, s'il s'éloigne trop. Il devra donc apprendre à faire la distinction entre la distance comme fuite (celle qu'il reprochait à son partenaire SOLITAIRE) et la distance consciente et constructrice. Cette dernière lui sera essentielle pour se retrouver dans son propre champ d'énergie, pour se recentrer, pour mieux cerner ses besoins et ses peurs avant de revenir à l'autre.

Pour apprendre à se choisir, il devra négocier avec sa peur de perdre l'autre et la culpabilité de se gâter et d'avoir des besoins hors du lien privilégié avec le partenaire.

Sa recherche exagérée d'intimité camoufle, cependant, une angoisse profonde.

En dehors du nous et du couple qui lui servent de balises structurantes, le FUSIONNEL a peur de se perdre.

Il a peur de ne pouvoir se contenir lui-même et d'être ainsi emporté par la force de ses pulsions non canalisées. À cause de la difficulté à se définir une identité en dehors de son lien avec l'autre, il se sentira souvent incapable de mettre une distance entre le monde de son désir (pôle féminin) et le passage à l'acte (pôle masculin). Par exemple, éprouver du désir pour quelqu'un le confronte à l'obligation de passer à l'acte. S'identifiant complètement à ce qui est éveillé en lui, il n'arrive pas à s'en distancer objectivement. Submergé par la force de l'émotion, il est sans balise rationnelle pour agir sur elle. Il a difficilement accès aux forces de son pôle masculin, afin de canaliser l'énergie de sa polarité féminine.

C'est d'ailleurs pour cette raison que les FUSIONNELS sont jaloux et possessifs. Par un phénomène de projection, ils ont peur de ce que l'autre pourrait vivre et faire quand il n'est plus dans leur champ de vision, sur le territoire physique du *nous*. En réalité, c'est leur propre peur (ou peut-être leur propre désir ou comportement) qu'ils prêtent, ainsi, à l'autre. En restant à proximité, ils peuvent avoir une meilleure emprise sur lui et s'assurer qu'il ne leur faussera pas compagnie.

À cause de la perméabilité ou de l'absence de ses frontières, le FUSIONNEL sera souvent contaminé par les émotions des autres. Par un phénomène de mimétisme[3], il pourra ressentir comme sien, le désir qu'un autre aura projeté sur lui. Cette expérience sera stressante à vivre car il sera alors envahi par une émotion extérieure sur laquelle il croira n'avoir aucune emprise.

> Avec son entrée dans le pôle du SOLITAIRE, les besoins du FUSIONNEL se résument par la phrase : «J'ai besoin d'être seul, de m'éloigner de toi pour me découvrir et m'exprimer dans ma différence car, quand je suis près de toi, je m'oublie et je me perds en toi. »

Pour découvrir ses potentialités cachées et pour qu'elles s'épanouissent, le FUSIONNEL devra expérimenter cette distance sur tous les plans de sa vie. Distance physique d'abord pour se sortir du champ d'énergie de l'autre qui absorbe toutes ses énergies; se créer une vie à lui, des activités qui le passionnent, des intérêts et des motivations en dehors du *nous*, seront ses nouveaux objectifs évolutifs. La distance psychologique lui sera essentielle pour arriver à respirer sans l'autre, pour délimiter son propre territoire et réussir à exprimer ses émotions. Il doit devenir plus égoïste en s'occupant de lui, d'abord.

Apprendre à se donner à lui-même ce qu'il a toujours attendu de l'autre, tel sera le programme de

F croissance de l'apprenti SOLITAIRE. Dans ce processus, il sera soutenu par les nouvelles assises qu'il pourra se donner sur le plan mental, par la valorisation et l'affirmation de ses propres idées sur lui-même, sur les autres et sur la vie. En s'ouvrant à de nouvelles croyances, il pourra s'accorder le droit d'être différent de l'autre, d'exister en dehors du couple et d'avoir des besoins autres que ceux reliés à la relation amoureuse.

DU MODE SOLITAIRE AU MODE FUSIONNEL

S Le passage au FUSIONNEL menace le SOLITAIRE, d'autant plus que ce dernier n'a pas fait le choix conscient de changer de pôle. En effet, il s'y retrouve souvent projeté par la décision d'un autre et en réaction à une perte symbolique. Une maladie grave, une rupture amoureuse, un burn-out, un accident de voiture, un coup de foudre, ou encore une crise dans le couple sont des exemples de ces expériences de vie nous forçant à lâcher l'emprise du mental et à basculer dans la polarité féminine[4].

L'enjeu majeur du passage à ce pôle pour le SOLITAIRE est de se rapprocher du monde de ses sensations et de ses émotions. L'apprenti FUSIONNEL vivra beaucoup d'impuissance à se retrouver projeté dans ses plus grandes vulnérabilités. Il sera démuni et paralysé dans l'univers de ses émotions taboues, à savoir l'angoisse, la peine et la tristesse. Sans la «protection» de ses masques de forces, il vivra beaucoup de honte à se reconnaître et à s'accepter dans sa dépendance et dans ses besoins d'être materné. Ce sera d'autant plus difficile qu'il a toujours tout contrôlé et n'a jamais voulu avoir besoin des autres. Reconnaître et accepter ces nouveaux besoins lui sera difficile. Comme il associe la perte de contrôle à une perte de pouvoir et à un état d'infériorité, il se reprochera d'être faible. Craignant de se sentir rejeté s'il exprime ses besoins de dépendance, il aura peur qu'on profite de son état pour l'exploiter. Il aura surtout peur qu'on ne l'aime plus s'il se montre faible et vulnérable. Dans ses croyances de base, le SOLITAIRE pense, en effet, qu'on ne peut l'aimer s'il n'est pas parfait et en pleine maîtrise de lui-même.

> À cette étape de son processus, les besoins du SOLITAIRE pourraient se résumer par la phrase : «J'ai besoin de toi et j'ai besoin de me rapprocher de toi pour me rapprocher de moi.»

Le SOLITAIRE aura besoin de l'autre pour le recevoir dans ses émotions et le rassurer dans ses peurs. Il éprouvera toutefois des difficultés à demander, car avouer son besoin de l'autre le ramène à ses blessures primitives de trahison, de rejet ou d'envahissement. Il a besoin d'apprendre à relâcher le contrôle qu'il exerce sur lui-même et sur les autres pour pouvoir s'ouvrir au pouvoir de la vulnérabilité.

Pour cet expert de la conquête, ses demandes de disponibilité et de réconfort passeront souvent par la sexualité, domaine qu'il maîtrise mieux que le monde des émotions qui le font paniquer. Avec son entrée sur ce nouveau territoire, il sera amené à faire le départage entre ses besoins de décharge sexuelle et ses besoins affectifs d'être sécurisé.

S Apprendre à observer et à contenir son désir en acceptant d'être dans la réceptivité et dans l'attente lui permettra de définir et de ressentir les besoins qui se cachent derrière sa demande sexuelle. Par ses prises de conscience, il pourra voir comment il utilise sa sexualité à des fins de contrôle sur lui-même, pour s'empêcher d'éprouver certaines de ses émotions. La sexualité deviendra son talon d'Achille et la porte d'entrée à ses plus grands apprentissages. C'est dans ce domaine qu'il sera le plus facilement confronté à son impuissance à maîtriser les réactions de son propre corps, ou les modulations du désir de l'autre[5].

RÉPERCUSSIONS DU CHANGEMENT DE PÔLE

Le nouvel équilibre que l'on apprend à développer en soi-même en explorant sa polarité cachée déstabilise le couple. L'ancien mode de fonctionnement du couple fondé sur la dépendance mutuelle ne peut plus être maintenu. Le passage à l'autre pôle déséquilibre tellement la dynamique du couple, qu'on a peine à croire que le lien amoureux puisse être maintenu. Les ruptures et les séparations surviennent souvent lorsque l'un des partenaires change de pôles. Ce partenaire ne ressemble alors plus à celui qui nous avait attiré au départ. Il est si totalement différent qu'on ne peut ni le reconnaître ni se reconnaître en lui. On aura même souvent l'impression de côtoyer un parfait inconnu!

Quand mon partenaire change de pôle, il m'oblige à me regarder avec d'autres yeux. Ses attitudes et ses gestes réveillent des souvenirs et des sentiments qui me terrifient. Il deviendra souvent le miroir négatif d'un de mes parents, me faisant régresser dans les blessures mal cicatrisées de mon passé. Plutôt que de regarder et d'assumer les émotions activées en moi, mon réflexe de survie sera souvent de vouloir tout lâcher et de fuir. De manière à préserver le sentiment de mon intégrité, je pourrai aussi recourir à la stratégie de l'attaque en le blâmant de mon mal-être. Quand l'un des partenaires change de pôle, l'autre se voit automatiquement acculé au pied du mur : ou il accepte de s'engager à son tour dans le changement, ou il se voit obligé de quitter la relation, ne la sentant plus assez sécurisante et nourrissante pour lui.

L'IMPOSSIBLE RETOUR EN ARRIÈRE

C'est toujours la préparation au changement qui est longue, car c'est un travail souterrain de maturation et de gestation. Quand le fruit est mûr, il tombe. Plus question de vouloir le raccrocher à son arbre-mère, il n'en a plus besoin. Tout retour en arrière est désormais impossible.

F Lorsque le FUSIONNEL fait le choix d'aller vers son pôle masculin, c'est qu'il a déjà atteint un point de non-retour. Quand son rêve d'amour idéal se fracasse sous le poids des déceptions, il ne croit plus que l'autre puisse lui apporter ce dont il a besoin. Souvent déclenchée par un événement anodin, cette douloureuse prise de conscience sert à mettre le FUSIONNEL sur le chemin de sa polarité masculine. À ce stade, il ne voudra plus retourner en arrière dans un mode qu'il associe, désormais, à la souffrance.

S Le scénario sera quelque peu différent pour le SOLITAIRE en cheminement, car souvent il n'aura pas choisi consciemment de quitter son mode de fonctionnement. Voulant rester le maître de sa vie, il ne

S

voyait pas la nécessité d'aller vers le pôle de l'énergie féminine. Quand, par réaction à un événement qui le dépasse, il se verra basculé, malgré lui, dans sa polarité féminine, il sera furieux. Même s'il essaie de revenir en arrière, il en est alors incapable. Ses mécanismes de défense ont lâché : il est impuissant et désemparé devant la nouvelle expérience.

Cette description correspond au scénario le plus courant d'un SOLITAIRE fermé au changement et qui cherche à contrôler son environnement pour ne pas avoir à se changer lui-même. S'il est ouvert au changement, le choc ne sera pas aussi brutal puisqu'il accepte de voir sa structure de survie s'ébranler sans tenter de la colmater. Il consent alors à se laisser toucher par les émotions auxquelles il est exposé, sans recourir automatiquement à l'attaque, à la domination ou à la fuite pour cacher et protéger son enfant intérieur blessé[6].

Dans les couples contemporains, l'expérience de la séparation est souvent l'élément déclencheur qui oblige le SOLITAIRE à revenir dans l'énergie de sa polarité féminine.

Si l'histoire du couple se termine, c'est que les partenaires ont pris une telle distance en s'enfermant dans leurs pôles respectifs qu'ils se sentent incapables d'envisager pouvoir rétablir leur lien amoureux. Le ressentiment, la colère, la déception et la peine accumulés et non exprimés contribuent à leur éloignement. Négocier avec cette charge émotionnelle les terrorisent et ils préfèrent éviter cette souffrance, en se séparant.

En revanche, les partenaires ignorent que, si ce travail de libération émotionnelle n'est pas accompli, il sera transposé dans la relation amoureuse suivante. La période de solitude vécue après une rupture est l'occasion de se donner le temps nécessaire pour assumer la perte réelle et symbolique, associée à la rupture. En franchissant toutes les étapes du deuil, on arrive à libérer en soi toute la gamme des émotions et des peurs qui entrave notre capacité d'aimer. Ces étapes permettent de reprendre contact avec son sentiment d'impuissance, avec les registres de la colère et de la rage, de la peine et de la tristesse. La traversée de ces strates émotionnelles est préalable au lâcher prise et à la phase finale de l'acceptation.

S Le FUSIONNEL EN CHEMINEMENT a déjà partiellement franchi toutes ces étapes, étant encore en couple. Cependant, le refus de renoncer à son fantasme amoureux le pousse à rompre la relation. Incapable d'accepter la réalité de cette perte symbolique, il préfère se raccrocher à son idéal amoureux en quittant ce partenaire qu'il juge inadéquat et se remettre en quête d'un partenaire idéalisé, à la mesure de ses rêves de fusion.

F Le SOLITAIRE EN CHEMINEMENT, pour sa part, est encore sous le choc de la surprise et d'un raz-de-marée émotionnel. Pour éviter de faire face à cette souffrance intense, nombre de SOLITAIRES vont désespérément tenter de se fuir, pour ne rien ressentir. Ils se lanceront à corps perdu dans le travail, l'alcool, la nourriture, les études, le sexe, les drogues ou dans la recherche d'un nouvel amour.

La période de transition suivant la rupture est un moment privilégié pour accepter de ressentir et d'accueillir l'enfant au cœur brisé prisonnier en soi. On apprend à l'écouter et à lui donner ce dont il a besoin pour se sentir rassuré et accepté. Ouvrir son cœur à l'amour et à la compassion passe obligatoirement par ce travail de libération émotionnelle.

LE CHOIX DU NOUVEAU COUPLE

Dans l'optique du NOUVEAU COUPLE, le scénario se déroule de façon totalement différente. Comme les partenaires acceptent de croire qu'il est possible de se changer pour trouver l'équilibre en eux-mêmes, chacun est activement engagé dans son processus de transformation. Par leur choix conscient de cheminer ensemble, ils prennent le risque de découvrir à deux les nouveaux territoires affectifs qui leur sont ouverts par leur passage respectif à l'énergie de l'autre pôle. Refusant de se fuir, chacun assume la responsabilité de sa souffrance. Dans ce nouvel espace évolutif, les partenaires apprennent à utiliser ces états intérieurs pour se rapprocher d'eux-mêmes et développer de nouvelles façons d'entrer en relation avec l'autre.

LES ZONES DE FRAGILITÉ DU NOUVEAU COUPLE

Dans les nouvelles avenues qu'ils explorent pour répondre à leurs besoins véritables, les partenaires du NOUVEAU COUPLE seront directement confrontés à leurs peurs les plus secrètes. Cristallisées autour du thème de la distance, ces peurs se manifestent dans les mouvements d'éloignement ou de rapprochement qui caractérisent la vie sexuelle des partenaires et la négociation de leurs conflits.

LE THÈME CENTRAL : S'ÉLOIGNER / SE RAPPROCHER

Dans son cheminement vers l'autonomie, le FUSIONNEL voudra sentir que son partenaire soutient sa démarche de distanciation. Or, à l'étape du changement de pôle, l'autre peut rarement accéder à sa demande. Si ce dernier est encore lui-même dans l'énergie de son pôle masculin, il se verra menacé par le mouvement d'autonomie du FUSIONNEL, craignant d'y perdre des droits acquis. Par contre, s'il est lui-même en changement de pôle, donc basculé dans son FUSIONNEL, il se sentira abandonné et profondément bouleversé par l'éloignement de l'autre. Incapable d'obtenir de l'autre *le droit* de s'éloigner, le FUSIONNEL devra se résigner à assumer lui-même son indépendance.

F Sa progression confronte le FUSIONNEL en cheminement, aux peurs qu'il fuyait depuis très longtemps en les camouflant habilement derrière son besoin de se rapprocher toujours plus. Dans ses croyances limitatives, il associe l'éloignement à une perte. Ainsi, il ne croit pas qu'il peut à la fois s'éloigner, sortir de l'énergie du *nous* et garder la connexion à l'autre. Il panique quand il ne ressent plus l'autre, dans son corps physique. S'il s'éloigne trop, s'il se choisit en s'ouvrant à d'autres énergies, il craint de perdre son lien privilégié. La seule mémoire du lien d'amour est insuffisante pour lui permettre de croire que l'autre est toujours là pour lui. En projetant sa propre peur sur l'autre, il croit que son partenaire va l'oublier s'il s'éloigne, qu'il ne va plus l'aimer s'il ne reste pas à ses côtés.

Sur ce nouveau territoire, l'apprenti SOLITAIRE sera confronté aux terreurs d'abandon de son enfant

F intérieur. Pour le sécuriser, il devra le reconnaître et l'accueillir dans ses peurs. Par ses nouvelles croyances, il lui donnera le droit de sortir du lien amoureux pour découvrir et explorer ses autres potentialités. À la limite, il acceptera de perdre l'autre pour retrouver la vitalité et la spontanéité de son enfant intérieur.

S Dans le revirement des énergies polarisées, la quête du SOLITAIRE passe désormais par l'exploration de ses besoins de rapprochement. L'enjeu de cette transition est de se rapprocher suffisamment de son propre univers émotionnel pour arriver à définir ses peurs, ses manques et ses insécurités.

Sans l'appui et le réconfort de l'autre qui explore lui aussi de nouveaux territoires, le SOLITAIRE se retrouve seul pour découvrir l'univers de sa polarité féminine. En réaction au repli de l'autre, il est déçu du peu de temps et d'attention qu'il lui consacre. Il se sent lésé et profondément blessé par le choix de son partenaire de négliger ses besoins de rapprochement. Il sera même jaloux du temps que l'autre passe à l'extérieur, de toutes les activités auxquelles il se consacre et des nouvelles personnes qu'il rencontre. Le SOLITAIRE a l'impression d'être privé d'un temps privilégié lui revenant de droit.

Dans son mouvement de distanciation par rapport à l'autre, le FUSIONNEL prend de plus en plus sa place. Il ose exprimer ses propres idées et il fait le choix de nouveaux comportements. Profondément ébranlé par ces derniers, le SOLITAIRE pourra rechuter dans son vieux scénario, le blâmant de son égoïsme et de son absence de disponibilité. S'il

S recourt aux stratégies plus subtiles de la victime, il espère que son malheur touchera l'autre qui finira par accepter de prendre soin de lui.

Cette plongée dans l'univers du FUSIONNEL le confronte à toute une gamme de sentiments sur lesquels il semble n'avoir aucune maîtrise. Son impuissance à retenir l'autre ou à contrôler ses mouvements le met dans une rage profonde. Honteux de ses besoins qu'il juge infantiles, il en voudra à l'autre de se sentir ainsi en situation d'attente. Dans ses croyances, cette dépendance lui semble dangereuse car elle menace sa liberté et son autonomie. Il reconnaît difficilement à son enfant intérieur le droit de se sentir si vulnérable devant l'autre. Comme il éprouve de grandes difficultés à s'avouer ses besoins de rapprochement, il lui sera difficile de les exprimer à l'autre. Ses peurs d'être rejeté et blessé refont surface.

SE RAPPROCHER PAR LA VIE SEXUELLE

Dans le couple, la sexualité représente le moyen le plus habituel par lequel les partenaires tentent de se rapprocher. Le changement de polarité vécu par l'un ou les deux partenaires, modifie profondément le jeu d'échange sexuel, donnant naissance à ce que les cliniciens traduisent par l'expression dysfonctions sexuelles.

S C'est par les relations sexuelles que le SOLITAIRE EN CHANGEMENT tente de répondre à ses besoins de sécurisation. En revenant ainsi au domaine de ses forces, il retrouve temporairement ses sentiments de puissance et de contrôle. Plus il sentira que l'autre s'éloigne, plus il sera angoissé par l'intensité de ses émotions, plus il voudra se rapprocher sexuellement. En prenant l'initiative et en essayant de mener le jeu, il tente de préserver le sentiment de son pouvoir. Cependant, son corps, dont il était aisément le maître auparavant, lui faussera compagnie alors que son mental ne réussira plus à maintenir son état d'excitation ou de désir. Plus il s'acharnera à vouloir commander son mental, plus son corps se refusera au plaisir. Il se verra alors forcé d'abandonner ce bastion, s'il veut envisager de vivre une relation plus aimante à son corps, à travers sa sexualité.

Au lieu d'utiliser sa sexualité pour exprimer ses angoisses, il devra risquer de laisser son corps ressentir la rage, la colère, la tristesse et la peine que les comportements d'éloignement de son partenaire réveillent en lui. Par cette ouverture émotionnelle, il sera amené à remplacer sa sexualité compulsive par des rapprochements sexuels plus authentiques, tenant compte de ses véritables besoins.

F La sexualité sera également une zone de profonde insécurité pour le FUSIONNEL EN DÉMARCHE. Enfin sorti de la fusion, il se refusera à retourner dans cet état de vulnérabilité où il se sent à la merci de l'autre. La sexualité a toujours été, pour lui, le terrain de sa disponibilité maximale, le moyen par lequel il se branchait à l'énergie de l'autre. Pour préserver les bases de sa nouvelle autonomie et éviter de retomber dans la surdépendance, il aura tendance à se couper de ses besoins de rapprochement et à espacer ses relations sexuelles. Dans sa déception et son ressentiment, il en veut toujours à son partenaire d'avoir brisé son rêve d'amour et de n'avoir pu le rendre heureux. Déshabillé des projections idéalisées dont il l'avait paré, l'autre ne réussit plus à le

F faire vibrer. Il passe par une phase d'absence de désir sexuel.

Quoique nécessaire à son évolution affective, cette distance physique et émotionnelle que le FUSIONNEL prend par rapport à l'autre l'insécurise beaucoup. Ses vieilles peurs du rejet refont surface, d'autant plus que l'autre lui en veut de ne pas se faire plus ouvert et disponible à son égard. Vivre avec la colère et le ressentiment de l'autre lui sera un apprentissage pénible. Ces énergies font écho aux siennes avec lesquelles il a du mal à négocier. Coupable de ne plus désirer son partenaire, il aura peur de ne plus l'aimer, ne ressentant plus dans son corps le sentiment et la vibration qu'il associe à l'état amoureux. D'autant plus qu'il pourra se sentir attiré par d'autres personnes. La tentation sera grande alors de quitter son partenaire pour retrouver les émotions euphorisantes de la projection amoureuse et ainsi fuir les émotions difficiles de sa nouvelle position.

S À cette étape de passage, la négociation des nouveaux besoins des deux partenaires sera au centre de leurs mésententes. Menacé par la prise de distance de l'autre, le SOLITAIRE multiplie les demandes de rapprochement. Pour se rassurer, il a besoin de sentir qu'il garde un certain ascendant sexuel sur l'autre. SSS

F Le FUSIONNEL, craignant de perdre l'autonomie qu'il est en train d'acquérir difficilement, ignore les demandes de son partenaire et accorde la priorité à ses besoins d'exploration.

Cette situation qui semble sans issue est un passage initiatique très difficile à vivre pour les partenaires du NOUVEAU COUPLE qui refusent désormais la fuite comme solution immédiate. De nombreux couples contemporains se trouvent confrontés à cette situation de polarisation inversée sans savoir qu'il s'agit d'une phase normale de maturation de leur couple. Cette étape où chacun explore sa polarité latente assure la croissance affective de chacun des partenaires et procure un nouvel équilibre à la relation. En termes évolutifs, il est déconseillé de déplacer cette énergie de transformation en l'investissant dans une nouvelle conquête ou dans une séparation. En restant sur la scène du conflit ouvert, le couple sera amené à découvrir des moyens plus créateurs que la rupture ou l'aventure pour négocier avec les peurs reliées à leurs nouveaux besoins.

Pour répondre aux besoins d'expansion de notre être, cette énergie doit être ramenée à soi, investie dans le processus d'identification des peurs, des insécurités et des blocages. Par réflexe de survie, on cherche souvent à nier ou à fuir. C'est un temps propice pour observer ce que la présence et les comportements de l'autre suscitent en nous. Quelles sont ces parties de soi qu'on a de la difficulté à voir et à accepter ? Quelles émotions nous bousculent et nous font paniquer ? Devant lesquelles se senton impuissant et démuni? Ces émotions réveillées représentent nos peurs, ces parties de nous qui demandent à être acceptées et honorées, car elles nous cachent nos besoins véritables et nos forces vives.

S'ÉLOIGNER PAR LES CONFLITS

F Si le SOLITAIRE utilise la sexualité pour répondre à ses besoins de sécurisation en se rapprochant de

F l'autre, le FUSIONNEL, lui, se servira des disputes pour se maintenir à une distance confortable. Encore peu familiarisé avec l'énergie de la polarité masculine, il en manie les forces de façon brute et souvent exagérée. Fragilisé dans son estime de soi, la meilleure protection qu'il connaisse pour préserver les fondements de son «je» relationnel naissant sera la fermeture affective par le retrait ou l'attaque.

Encore imprégné de l'univers de la fusion, sa perception de la fermeture reste très négative, car elle est associée à une grande souffrance. Le FUSIONNEL a encore horreur du conflit et la charge émotionnelle de la colère l'insécurise toujours beaucoup. Quand l'autre est fâché, il se sent tout petit et rejeté, il a peur qu'on ne l'aime plus. Pour ne pas revivre cette douleur associée à sa blessure passée, il se referme et coupe son lien avec l'autre. Pour se préserver d'une souffrance déclenchée par l'autre, il préfère rompre lui-même le lien relationnel, en se refermant.

Le FUSIONNEL devra apprendre donc à codifier positivement la distance qu'il se permet de vivre par rapport à l'autre. Dans le droit à la différence qu'il s'accorde enfin, il apprendra à se reconnaître dans ses idées, ses émotions et ses gestes sans attendre une validation de la part de son partenaire. Quand le retrait de l'autre le basculera dans sa peur d'être rejeté ou dans la honte de lui-même, il aura souvent le réflexe de survie de lui retourner cette énergie en le blâmant.

S Cette stratégie de l'attaque sera également utilisée par le SOLITAIRE quand il sentira l'autre absent et non disponible à prendre soin de lui. La colère lui

S évite d'affronter ses propres sentiments d'impuissance quand il sent qu'il perd son emprise sur l'autre ou sur la relation. Il ignore encore que derrière sa colère se cache son petit enfant déçu et frustré, qui s'ennuie, qui s'attriste ou qui boude parce que personne ne lui accorde d'attention.

C'est toujours l'insécurité et le sentiment d'impuissance suscités par le passage à l'autre pôle qui amènent les partenaires à utiliser leur meilleure stratégie de contrôle, à savoir, l'attaque. Il sera donc «normal» pour le couple de vivre des conflits dans cette phase d'adaptation à leur polarité complémentaire. La colère refoulée est toujours destructrice pour la vie du couple et les conflits ouverts permettent aux partenaires de découvrir des façons plus constructives de négocier avec leurs vrais besoins, ceux qui se cachent derrière le masque de force de la colère. Les plaintes et les reproches adressés à l'autre fournissent de précieuses pistes pour découvrir ces parties de nous qui demandent à être accueillies et guéries.

SE RELIER ET SE REJOINDRE

Si, dans cette zone de transition, les partenaires ne peuvent plus se rejoindre par le biais de la sexualité, comment vont-ils maintenir le lien qui les unit?

En choisissant de rester en couple et de s'accompagner mutuellement dans le processus de transformation, on modifie les termes de l'ancien contrat qui lie les partenaires[7]. Si on accepte d'être présent pour l'autre, ce sera en se restant fidèle, en se choisissant et en respectant d'abord ses propres besoins évolutifs. L'enjeu de ce passage, c'est de s'aimer assez pour arriver à définir et à satisfaire ses besoins. Également engagé dans sa propre démarche, l'autre ne pourra se rendre disponible pour combler mon manque, comme dans l'ancien couple. Cette «absence de l'autre» me forcera à assumer mes peurs et mes insécurités.

Dans l'apprentissage de cette nouvelle intimité avec soi-même, on prend le risque de s'ouvrir et de se dévoiler à l'autre pour assumer ouvertement et sans honte ses besoins d'éloignement ou de rapprochement. Ce partage sur les vécus respectifs permet d'ouvrir et de dévoiler sa vulnérabilité à l'autre, de parler de ses attentes et de ses désirs, de ses insécurités et de ses peurs.

C'est en s'acceptant soi-même, qu'on se rend disponible à recevoir l'autre dans son vécu.

Quand l'expérience et les émotions de l'autre viendront réveiller mes peurs, j'accepterai de les regarder et d'en assumer l'entière responsabilité. C'est sur cette nouvelle base de la présence à soi et de l'ouverture à l'autre que se fondent les assises du NOUVEAU COUPLE.

CHAPITRE 6

SE TRANSFORMER PAR L'AMOUR

L'être humain est doté du pouvoir extraordinaire de créer et de s'attirer ce qu'il désire pour être heureux. Ce droit de naissance lui confère la capacité d'être heureux et de vivre l'abondance sur tous les plans de son existence. Il est né pour l'amour et le bonheur. Pourquoi alors, malgré ce pouvoir extraordinaire qu'il détient, continue-t-il à se sentir malheureux et insatisfait ? Pourquoi éprouve-t-il autant de difficulté à obtenir ce qui le rendrait vraiment heureux ?

Il faut remonter à l'enfance pour le comprendre. Limités par notre état de dépendance, nous nous sommes bâti une structure de survie en fonction de la vision très partielle que nous avions alors de nous-mêmes, des autres et de la réalité. Sans le savoir, ce canevas de notre enfance contrôle toujours l'ensemble de notre vie d'adulte.

Conçu pour nous empêcher de trop souffrir, ce programme de survie nous protège de la douleur quand nos besoins vitaux ne sont pas comblés, tout en nous garantissant une dose minimale d'amour. Le programme originel filtre et colore notre perception de la réalité et limite nos croyances quant à nos possibilités. Nous emprisonnant dans le circuit de certaines peurs et le registre de quelques émotions, il nous empêche d'avoir accès à toute une gamme de comportements. Comme ce programme est en opération depuis des années, on oublie qu'on lui obéit sans réfléchir et surtout qu'on le reproduit de façon automatique. Intégré à notre réalité quotidienne, on se contente de le subir sans être conscient de notre pouvoir d'en créer un autre, plus approprié à nos besoins actuels.

DANS LA MATRICE DE LA TRANSFORMATION

Changer notre programme de survie requiert une profonde transformation de soi. Imprimés dans la mémoire vibratoire de tous nos corps, on peut difficilement procéder à des changements isolés sans envisager d'en modifier l'ensemble. Comment entre-t-on dans ce processus ? De quels outils dispose-t-on pour ce voyage intérieur vers l'actualisation de Soi ?

Ce programme de base est constitué d'une structure à quatre paliers, chacun étant en communication constante avec les trois autres. Ces paliers sont les corps physique, émotionnel, mental et spirituel dont les énergies interagissent les unes sur les autres, s'échangeant une multitude d'informations sur l'état de leurs besoins respectifs. Quand l'information circule librement entre ces plans d'énergies, le système tout entier est en équilibre [1].

Ce fonctionnement optimal du système constitue en lui-même un état de pouvoir. Tous les corps fonctionnent, alors, en synergie. Les informations d'un plan sont simultanément accessibles aux autres plans, permettant ainsi à l'équilibre de l'ensemble de se maintenir. De cette façon, les besoins de chacun de ces corps sont repérés et satisfaits de manière à répondre au plan de l'ensemble. Dans cet état de centricité, nos ressources intérieures se voient décuplées et nous accédons alors à notre pouvoir conscient de création. De plus, cette libre circulation de l'énergie à l'intérieur du système assure un échange rythmé et harmonieux avec l'extérieur. Cette harmonie intérieure se manifeste par un état d'ouverture, de sentiments de joie et de bonheur.

Dans notre programmation de survie, ces différents niveaux d'énergie sont rarement en harmonie et en libre circulation. À la suite d'expériences douloureuses, nous nous sommes refermés pour ne pas souffrir, nous bloquant désormais l'accès à certaines de ces énergies de base. En conséquence, devant une situation faisant écho à l'expérience initiale souffrante, nos différents corps seront en contradiction : notre tête voudra une chose, alors que notre cœur désirera autre chose et notre corps physique en souhaitera encore une autre. Comme aucun de ces corps ne veut ou ne peut s'ouvrir aux besoins des autres, notre système se retrouve en état de guerre intérieure. Pour sortir de cette impasse, on se voit obligé de revenir au choix initial du programme de survie continuant d'accorder la priorité aux besoins de certains corps au détriment de nos véritables besoins du moment.

> En situation de conflit intérieur, un SOLITAIRE va toujours opter pour la solution dictée par son corps mental qui contrôle et réprime les besoins de son corps émotionnel et de son corps physique. Ayant ainsi appris à protéger ses blessures affectives, c'est la réponse machinale qui le sécurisera.

Confronté à la même situation, le pilote automatique du FUSIONNEL l'enclenchera plutôt sur les besoins de son corps émotionnel. N'écoutant que son cœur, le FUSIONNEL se lance alors impulsivement dans l'expérience, sans pouvoir accéder aux ressources de son corps mental pour objectiver la situation et s'en distancer émotivement.

Pour accéder à son véritable pouvoir, il faut pouvoir aligner tous ses corps sur l'énergie de son corps spirituel. Reliée à notre Source, cette énergie nous sert de lumière et de guide sur le chemin de la transformation. Sur ce plan, l'état de dualité n'existe plus car les énergies polarisées sont reconnues et intégrées dans une nouvelle structure qui les englobe. Dans son mouvement d'unification et de synthèse, elle s'organise pour que tous nos corps puissent s'équilibrer à travers les expériences polarisées du masculin et du féminin en nous.

Ayant perdu l'accès à notre dimension spirituelle, on éprouvera beaucoup de difficulté à faire confiance à ce qu'elle nous offrira comme occasion de grandir.

S Devant ces expériences évolutives, le SOLITAIRE voudra rester en contrôle de son vécu et refusera de franchir les portes du changement alors grandes ouvertes devant lui. S'il consent à franchir l'une d'elle, il rebroussera chemin au premier prétexte, se sentant trop menacé par ses émotions.

F Le FUSIONNEL qui aura pressenti l'appel évolutif de l'expérience y répondra le cœur ouvert, mais souvent les yeux fermés. Il se perdra dans l'intensité de son vécu, incapable de délimiter ses frontières ou de

F

les reconnaître. Il se retrouvera ainsi prisonnier de l'expérience, désespéré de tourner en rond dans les mêmes patterns parce qu'incapable de les décoder adéquatement.

Pour retrouver son vrai pouvoir, il faudra d'abord entrer en contact avec soi sur les quatre plans, afin d'apprendre à s'observer et à cerner les besoins oubliés qui leur sont reliés. L'étape suivante consistera à apprivoiser ses peurs pour arriver à honorer les besoins qu'elles camouflent.

Comme dans tous les contes initiatiques, avant d'accéder à la lumière, il faut d'abord traverser le pays de l'ombre. Ce côté sombre est constitué de tout ce qu'on s'ingénie à fuir depuis des années : peurs, insécurités, tabous, croyances négatives, blessures non cicatrisées, bref tout ce qui heurte et fait mal. Pour entrer sur ce territoire intérieur, on devra se mettre à l'écoute de sa souffrance. Cette grande oubliée nous indique le chemin le plus court et le plus rapide vers ces parties de nous qui demandent à être reconnues et aimées. La souffrance qu'on cherche à éviter par notre programme de survie devient notre alliée pour explorer le territoire de l'ombre[2]. Dans notre processus de guérison, on accepte de regarder la souffrance, de la questionner et surtout de la ressentir. En s'y ouvrant, on consent à la laisser nous parler des besoins secrets de l'enfant blessé que l'on porte en soi.

RÉTABLIR LA COMMUNICATION INTÉRIEURE

Le travail sur soi peut être entrepris à partir de l'un ou de l'autre de nos corps énergétiques. En termes de polarités, les SOLITAIRES amorcent souvent leur processus par une recherche mentale en focalisant sur le savoir. Ils croient ainsi pouvoir se libérer de leur souffrance en la comprenant ou même en l'étudiant. Pour stopper leur souffrance, les FUSIONNELS vont plutôt se concentrer sur les besoins pressants de leur corps émotionnel. Les corps étant interreliés, le travail d'ouverture sur l'un d'eux nous ramène spontanément dans l'énergie des autres.

LES BESOINS DU CORPS PHYSIQUE

Dans nos sociétés capitalistes, le corps est soumis à des rythmes accélérés de production qui nous éloignent de ses mouvements biologiques naturels. En survalorisant la consommation et le paraître, on perd le contact avec son essence profonde. Pourtant notre corps physique est bien plus qu'une machine de travail ou un costume de fête. Il a une vie bien à lui, des besoins et des attentes spécifiques. Ceux-ci se liront différemment selon le nouvel apprentissage de la polarité masculine ou de la polarité féminine.

S Ainsi l'EX-SOLITAIRE va renouer avec ses sens et ses ressentis. Ils les avaient anesthésiés pour ne pas revivre les souffrances de la séparation. Pour se familiariser avec le mouvement de ses émotions, il devra accepter de ralentir le mouvement extérieur qu'il impose à son corps; aller moins vite, faire des pauses et se détendre, se donner des loisirs non compétitifs et apprendre à ne rien faire dans le but de se mettre à l'écoute de son corps et des émotions qu'il lui communique.

Dans l'apprentissage de s'arrêter pour ressentir, l'EX-SOLITAIRE sera confronté à sa plus grande peur : l'ennui! L'ennui le confronte à son intérieur qu'il croit vide. Fragile, l'EX-SOLITAIRE a peine à croire

S que ce soit vivant à l'intérieur. S'il pressent la force de cette dimension cachée, il se sent dépassé par ses contenus irrationnels. Démuni, il doute de ses ressentis. Cependant, le temps et l'attention qu'il consacre à apprivoiser ses émotions lui permettent de se familiariser avec les besoins de son enfant intérieur. Ses relations avec les autres vont aussi favoriser son apprentissage. En restant ouvert et présent à la vulnérabilité des autres, il arrivera à capter dans son corps la vibration de leurs émotions. Il pourra s'observer attaquer, se sauver ou donner des conseils pour éviter alors de sentir sa propre vulnérabilité se réveiller en lui. Se donner le droit de ressentir et de se sentir vulnérable sera le plus grand apprentissage de ce nouveau FUSIONNEL.

Il aura à négocier avec le petit enfant démuni et fragile et le parent non aimant[3] qu'il porte en lui. Son travail sur lui-même consiste à devenir un parent attentionné et protecteur envers cet enfant.

Accueillir cet enfant en soi, lui donner la permission d'être et de s'exprimer dans toute sa vulnérabilité sera l'apprentissage majeur de cette phase évolutive.

F C'est dans une optique complètement différente que l'EX-FUSIONNEL amorcera son apprentissage dans son corps physique. L'EX-FUSIONNEL aura besoin d'apprendre à sortir des ressentis douloureux qui le paralysent pour mettre son corps en mouvement; bouger, marcher, danser, courir pour fortifier la structure de son corps et apprendre à lui faire davantage confiance dans la gestion de ses émotions. Le NOUVEAU SOLITAIRE a absolument besoin de ce point d'ancrage dans son corps physique pour apprendre à délimiter ses frontières personnelles. Il doit pouvoir compter sur la réalité de la matière pour l'aider à contenir l'intensité de ses émotions. À cet effet, il aura besoin de renouer avec les forces de la nature afin d'y retrouver la sagesse de ses instincts de base, ceux qu'il a sacrifiés à l'autre dans sa dépendance. Cet enracinement dans son corps physique l'assure de pouvoir mieux se choisir et arriver à prendre sa place.

De manière à ne plus se perdre dans ses liens avec les autres, il travaillera ses limites en se soumettant à une forme quelconque de discipline. Il apprendra à structurer son temps et à canaliser son énergie dans des engagements, ce qui lui permettra de reconnaître ses limites personnelles. Pour cela, les sports et les loisirs créatifs lui seront utiles. Dans ce travail de structuration, l'ex-FUSIONNEL fera face à la peur d'être écrasé par le poids de la structure qu'il élabore. En effet, il déteste les obligations et les échéanciers, car il craint de ne pas réussir à rencontrer les attentes des autres. Ses peurs de ne pas être à la hauteur, de manquer de temps ou d'enthousiasme et de se sentir obligé, le paralysent. Il devra aussi affronter sa peur de dire «non», ne croyant pas qu'on puisse l'aimer s'il pose ses limites et fait respecter ses besoins.

À travers l'exploration des besoins reliés à son corps physique, le nouveau SOLITAIRE laissera le champ libre à son enfant intérieur qui a besoin d'explorer et de jouer. Les permissions qu'il accorde à cet enfant lui donneront le droit de faire des erreurs, d'avoir ses idées, ses préférences et ses rythmes bien à lui. En assumant sa différence sans honte et culpa-

F bilité, il arrivera à consolider sa propre structure pour satisfaire ses besoins d'autonomie et d'affirmation.

On saisira mieux la portée de la relation entretenue par le FUSIONNEL et le SOLITAIRE avec leur corps en observant *leurs attitudes devant la maladie*. Par la maladie, le corps physique nous signifie un blocage de l'énergic à un niveau quelconque de notre structure. Ce déséquilibre est provoqué par les résistances que l'on oppose à la libre circulation de l'information dans l'un de nos corps. La souffrance éprouvée résulte de notre incapacité à décoder ce qui s'exprime intérieurement. On débranche le système d'alarme en faisant taire sa souffrance, sans en déterminer les causes profondes.

S Les SOLITAIRES vont souvent dire qu'ils n'ont pas le temps d'être malades, ce qui est à moitié vrai, puisque l'action reste leur fuite préférée. Difficilement à l'écoute de son corps, un SOLITAIRE ne peut remarquer les signes de sa fatigue ou les symptômes de sa faim par exemple. Il mange souvent à heures fixes parce que «c'est l'heure de manger» et non parce qu'il ressent sa faim. Ayant anesthésié son corps physique pour ne pas ressentir d'émotions négatives, il éprouvera des difficultés à percevoir, à travers celui-ci, les signaux de déséquilibre transmis par ses autres corps. D'ailleurs ce corps doit être à son service et par conséquent ne jamais lui faire défaut. S'il ne se sent pas très bien, il fait taire son malaise et il se force à agir comme si de rien n'était. À couper ainsi ses signaux d'alarme, il surcharge son système, empêchant ses autres énergies de s'exprimer librement. Cette résistance crée la maladie. Dans cette coupure, certains organes sont privés de leur apport normal d'énergie alors que ceux qui réabsorbent la charge souffrent de survoltage.

F Au contraire, le FUSIONNEL perçoit les moindres perturbations de son champ d'énergie. L'intensité qu'il ressent à travers son corps souffrant le fera paniquer. Il éprouvera de grandes difficultés à faire confiance à son corps malade, doutant qu'il arrive à contenir la charge douloureuse qui s'accumule en lui. Comme il utilise déjà son corps physique pour absorber une grande partie de ses émotions «souffrantes», il aura peur de court-circuiter son système quand le corps surchargé voudra se libérer. Craignant que l'envahissement émotionnel ne dépasse les limites d'absorption de son corps, il se protège alors d'une menace potentielle de morcellement de son moi, en recherchant le rapprochement avec l'autre. La présence physique de l'autre le rassure quant à son sentiment de continuité.

La maladie signale toujours qu'un aspect caché de soi veut s'exprimer. Comme notre résistance physique diminue, le corps sert d'interface à la remontée des contenus inconscients. Ce temps d'arrêt forcé invite à nous mettre à l'écoute de notre monde intérieur et de nos besoins oubliés. Notre vie onirique (rêves et cauchemars) nous donne alors de précieux indices sur la nature de ce processus. C'est dans le lâcher prise, en s'abandonnant à sa propre sagesse qu'on arrivera à décoder les messages de la maladie.

PISTES DE TRAVAIL SUR SOI
À PARTIR DU CORPS PHYSIQUE

Devant un malaise :

- S'arrêter : Stopper le mouvement extérieur pour changer le focus du mode extérieur au mode intérieur.
- Prêter attention à son corps : Intérioriser et se mettre à l'écoute. Observer ce qui se passe dans le corps à l'endroit du malaise : Est-ce chaud, froid, brûlant, aride, rond, pointu, carré, escarpé, serré, éparpillé?
- Entrer dans l'énergie présente : A-t-elle une couleur, une tonalité spéciale ? Est-elle reliée à un souvenir quelconque, à un goût connu ? Rester avec le ressenti et lui permettre d'être là. L'accueillir en soi comme porteur d'un message particulier.
- Travailler avec l'énergie :
  - Si je voulais illustrer de ce qui se passe en moi quand je suis dans cette énergie, à quoi ressemblerait-elle ? Peut-être à un torrent qui déborde? À un rocher fissuré? À une pelote de laine aux fils tout emmêlés? À un volcan qui veut exploser? À un petit chat blessé? Laisser l'image se créer. Essayer de ne pas contrôler le processus en imposant la censure de ses propres images.
  - Établir un dialogue, une communication avec cette image : Qui est-elle ? Que fait-elle là ? À quoi sert-elle ? Que me veut-elle ? Qu'a-t-elle à me dire ? Comment puis-je lui être utile? Qu'attend-elle de moi ?

- Quand on perd le contact visuel, retourner se brancher au ressenti corporel et partir de là pour continuer le dialogue.

– Libérer l'énergie : Accepter de laisser le corps ressentir toutes les émotions présentes. Ouvrir son corps et son cœur pour recevoir ce qui remonte et qui demande à s'exprimer. Ici, c'est souvent notre enfant intérieur blessé qui va se manifester. Il est dans une rage bleue, dans une colère terrifiante ou alors il a de la peine à en mourir, se sentant tout seul et abandonné. Lui donner la permission d'être là, de «faire sa crise», de s'exprimer en nous. On approfondira cette dimension du travail avec l'enfant intérieur dans le bloc suivant où l'on focalisera sur les besoins et les peurs reliés à son corps émotionnel.

S Dans ses premières explorations sur ce territoire intérieur, l'ex-SOLITAIRE pourra se sentir dépaysé. Accorder une valeur positive à son monde imaginaire lui sera difficile car, dans ses croyances de base, il ne peut faire confiance qu'à son rationnel et à ses sens physiques pour diriger sa vie.

Pour faciliter l'ouverture à son univers émotionnel à travers le corps physique, il pourra avoir recours à des techniques de massage, *focusing*, bioénergie, bain flottant, danse ou gymnastique aquatique. En assouplissant la cuirasse corporelle ces techniques permettent de réveiller les mémoires emprisonnées. Mais c'est surtout quand l'ex-SOLITAIRE acceptera de relâcher l'emprise de son mental qu'il pourra véritablement entrer dans le monde de ses perceptions intérieures et de ses ressentis [4].

F En s'aventurant sur le plan physique, le nouveau SOLITAIRE n'est guère plus rassuré. Dans sa grande sensibilité de FUSIONNEL, il amplifie souvent ses malaises en leur accordant trop de place. Pour se préserver de cette intensité négative, il pourra avoir le réflexe de se couper de ses ressentis douloureux s'empêchant ainsi de compléter le cycle de libération énergétique déclenché dans son corps.

LES BESOINS DU CORPS ÉMOTIONNEL

Notre programme de survie limite le choix de nos émotions. Dans la vie amoureuse, cela se traduit par le fait de se sentir souvent inadéquat, déçu, impuissant, coupable ou colérique, comme si on était piégé dans ces seules catégories de réponses émotionnelles. De plus, comme certaines émotions sont taboues, on éprouvera de la honte à les ressentir ou à les exprimer. Telle pourra être notre réaction de survie devant le désir, l'envie, la jalousie, la colère ou la rage.

Incapable de trouver des façons satisfaisantes de négocier avec les émotions ressenties comme intolérables, on reproduit inconsciemment le choix initial de s'en couper. Ainsi devant les sentiments de gêne, de culpabilité ou les signaux de la peur, on pourra passer à l'attaque, se dévaloriser ou encore recourir à l'une de nos fuites préférées. Pour ne pas ressentir ces émotions dites «négatives», on referme son plexus solaire. En réagissant de la sorte, on se coupe aussi des émotions «positives» qui pourraient rééquilibrer notre corps émotionnel. Cet état de coupure est très douloureux à vivre. En plus de nous éloigner des besoins de notre enfant intérieur, il nous coupe de l'énergie des autres, accentuant nos sentiments de séparation et d'isolement.

LE LANGAGE DES ÉMOTIONS

Nos émotions ne sont pas des ennemies mais des alliées nous informant de l'évolution de notre vie intérieure. En les observant, on y reconnait notre réponse unique et personnalisée à l'expérience du moment. Nos émotions nous signalent nos besoins insatisfaits, ces dimensions intérieures qui demandent à être entendues et honorées. Avec le travail effectué pour développer leur pôle inconscient, les partenaires du couple sont appelés à élargir leur palette émotionnelle.

F L'EX-FUSIONNEL bénéficie des acquis reliées à sa polarité féminine. Conscient de sa déception et de sa tristesse, il est aussi en contact avec son insécurité ou ses sentiments de honte, quand l'autre néglige ses attentes. Sur le territoire du pôle masculin, il apprendra à s'accueillir dans ses déceptions plutôt que de se sentir coupable de les éprouver. Las d'attendre que l'autre devine ses pensées, il va oser parler de lui et demander ce qu'il veut. Son plus grand exercice en termes de limites et de territoire sera d'apprendre à se respecter et à dire «non».

S La découverte du féminin ouvre sur un autre registre émotionnel. Plutôt que de blâmer l'autre en l'accusant, l'EX-SOLITAIRE apprendra à contacter les besoins et les peurs camouflés derrière sa colère. Porte d'entrée à sa vulnérabilité, il verra cette colère comme l'indice d'une blessure ou d'une déception cherchant alors à s'exprimer.

Sans la protection et le sentiment de contrôle qui lui étaient garantis par l'émotion lourde de la colère, l'EX-SOLITAIRE se sentira confus et impuissant. Ne trouvant souvent pas de mots pour exprimer ses états intérieurs ou ne sachant que faire de ce cocktail d'émotions, il se sentira ridicule et à la merci de l'autre.

LIBÉRER LES ÉMOTIONS

L'énergie des émotions que l'on réprime demeure emprisonnée dans notre système énergétique. Elle s'exprimera cependant par divers symptômes, tels que la maladie, les sentiments d'isolement et de séparation associés au non-amour ou encore par le manque d'abondance et de créativité. Inscrites dans la mémoire de notre programme de survie, certaines émotions pénibles se déclenchent sans qu'on y puisse quoi que ce soit. Cependant, en termes de maturation affective, il est de notre responsabilité d'assumer cette souffrance réactivée.

Dans le choix évolutif de prendre soin de soi, toutes les émotions douloureuses réveillées dans nos interactions de couple seront utilisées pour nous mettre sur la piste de nos manques. Sur le plan affectif, ces besoins non comblés représentent des marques d'amour non reçues pour lesquelles notre enfant intérieur est toujours en attente.

> Je suis désormais responsable de guérir cet enfant intérieur blessé. Je suis la seule personne pouvant lui apporter ce qui lui manque depuis si longtemps.

Pour répondre aux besoins cachés de cet enfant intérieur, il faudra consentir à traverser les différentes couches d'émotions qui protègent sa blessure d'amour. La protection extérieure (*la première couche émotionnelle*) est constituée d'émotions lourdes, telles que la colère, le blâme et le ressentiment. En vouloir à l'autre nous protège de notre propre douleur. En le rendant responsable de notre bonheur, on lui reproche aussi notre malheur. Après avoir franchi le stade de la colère, on entre dans la seconde couche émotionnelle où sont logées la tristesse et la déception de ne pas avoir reçu ce qu'on attendait de l'autre. On prend alors contact avec la douleur engendrée par la désillusion. L'énergie de la troisième couche est reliée à la peur et à l'insécurité. C'est un état très paniquant pour l'enfant en nous qui se voit menacé d'être abandonné ou englouti dans la relation. En s'aventurant plus profondément dans sa propre vulnérabilité, on entre dans la quatrième couche émotionnelle touchant la responsabilité et la culpabilité. À ce niveau, on nage dans la honte et le sentiment d'être incorrect aux yeux de l'autre. Enfin, au cœur de ce tourbillon d'émotions et de peurs, on retrouve les besoins affectifs de base qui attendent d'être satisfaits.

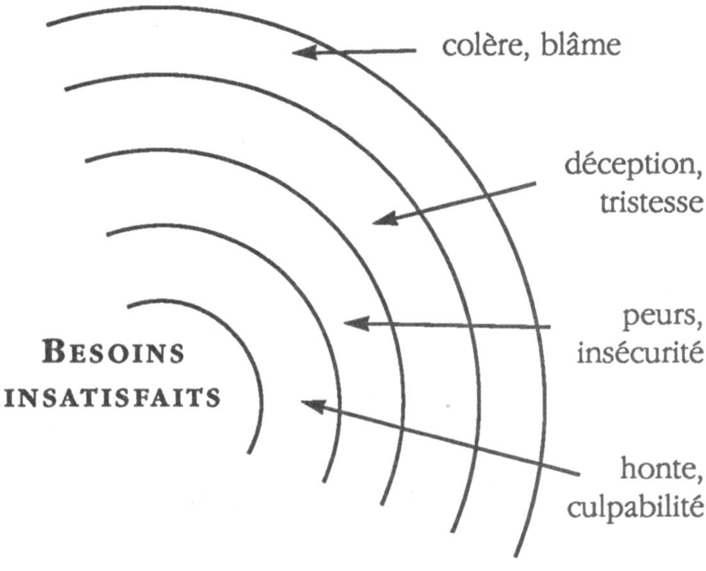

***Tableau 5** : Le registre des émotions qui protègent ma blessure d'amour (Adaptation de De Angelis)*

Les programmes de survie respectifs du FUSIONNEL et du SOLITAIRE les ont coïncés dans certaines de ces couches du registre émotionnel[5]. Les frustrations, les mésententes et les conflits dans le couple découlent de l'incapacité des partenaires à négocier avec les émotions chargées, de ces différentes couches d'énergie. C'est en découvrant des stratégies plus positives de traverser ces strates émotionnelles, que le travail de libération et de guérison pourra s'effectuer à la fois en chacun d'eux et dans le couple[6].

F La couche extérieure de la colère sera particulièrement difficile à franchir pour le NOUVEAU SOLITAIRE qui, comme FUSIONNEL, n'a jamais pu négocier avec la charge de cette émotion de rejet. Quand l'autre est fâché ou qu'il lui fait des reproches, il croit que ce dernier ne l'aime plus, ce qui le bascule dans sa détresse d'abandon ou de rejet. Pour éviter tout contact avec la mémoire de cette souffrance profonde, il se coupe lui-même de l'énergie de sa propre colère. S'il la ravale ou la retourne contre lui-même dans la maladie et la dépression, ses pleurs de rage et d'impuissance confirment sa difficulté à la fuir, lorsqu'elle se réactive en lui. Pour arriver à exprimer et à libérer sa colère, le NOUVEAU SOLITAIRE devra affronter ses peurs de déplaire et de perdre l'amour de son partenaire. À la limite, il devra accepter de perdre l'autre pour respecter sa propre intégrité et arriver à se choisir. La force de cette énergie, jusque-là réprimée, lui est nécessaire pour prendre sa place et s'affirmer devant l'autre.

S Le NOUVEAU FUSIONNEL va aussi apprendre à orienter différemment l'énergie de la colère. Plutôt que de l'utiliser pour se couper de sa peine et

S s'éloigner de l'autre en lui faisant des reproches, il verra sa colère comme la porte d'entrée au monde de ses émotions. Une situation de conflit ouvert camoufle toujours les vulnérabilités blessées, le besoin profond qui n'a pas été respecté et honoré.

Pour explorer ce vécu intérieur, quelques questions nous seront utiles. Qu'est-ce que je voulais et que je n'ai pas obtenu? Qu'est-ce qui m'a fait mal dans ce qui vient de se passer? Qui je protège ainsi en moi? De quoi ai-je peur? Qu'est-ce qui m'insécurise en face de l'autre? Qu'est-ce que je m'empêche de ressentir?

On pourra ainsi découvrir qu'on se met en colère quand on a besoin d'être touché, quand on se sent seul et qu'on s'ennuie ou encore quand on a l'impression de perdre la face. Pour entrer dans cette vulnérabilité et laisser son enfant intérieur s'exprimer, on devra souvent négocier avec son critique ou son tyran (ces personnages intérieurs qui utilisent l'énergie de la colère pour nous empêcher de souffrir)[7]. Certains couples perpétuellement en lutte de pouvoir demeurent prisonniers des émotions sur ce premier plan. Menacé par la différence de l'autre, reflet de leur vulnérabilité profonde, chaque partenaire cache la blessure de son enfant intérieur derrière le mur de la critique et du blâme.

Traverser la colère pour entrer *dans la deuxième couche émotionnelle* est une clé essentielle pour accéder à l'intimité relationnelle.

> En laissant s'exprimer leur enfant déçu, désillusionné ou triste les partenaires s'ouvrent à leurs vulnérabilités respectives.

Dans cet espace de grande fragilité, ils osent dévoiler leur enfant intérieur blessé. Chacun doit se faire assez confiance pour arriver à protéger cet enfant devant l'autre, sans avoir à recourir à la colère ou à la fermeture, sinon l'enfant retournera vite se cacher, n'osant plus faire confiance pour assurer ses besoins de reconnaissance.

S Le défi du NOUVEAU FUSIONNEL sera d'abord de reconnaître qu'il se sent déçu, triste ou blessé par l'éloignement de son partenaire. Laissé à lui-même, il prendra contact avec ses sentiments d'ennui, de jalousie et sa peur de le perdre. Pour maintenir son lien avec l'autre, il devra lui exprimer ces ressentis. Ce dévoilement le confrontera à sa propre honte, lui donnant souvent l'impression de perdre la face. Dans sa programmation de survie, il ne veut dépendre de personne et, avoir besoin, lui donne l'impression de mendier.

F Sur ce plan émotionnel, le NOUVEAU SOLITAIRE fait l'apprentissage de sa nouvelle liberté. Coïncé entre son nouveau besoin de s'éloigner et sa peur des réactions de l'autre, il sera déçu du manque de confiance de ce dernier à son égard. Il se sentira profondément blessé, quand il ne sera pas validé dans ses idées ou dans le choix de ses besoins. Comme son corps physique va souvent exprimer, avant qu'il n'en soit lui-même conscient, son besoin de prendre de la distance, il pourra se sentir coupable de ressentir moins de désir pour son partenaire. Il sera porté à décoder ce manque de désir comme un signe de non-amour envers son partenaire plutôt que d'y reconnaître le besoin de se donner de l'espace en dehors du *nous* fusionnel. L'énergie

F amoureuse, qu'il projetait sur l'autre pour qu'il lui donne sa protection et sa force, est alors retirée et canalisée sur ses nouveaux besoins d'exploration et d'affirmation. Les émotions contradictoires réveillées en lui doivent être ouvertes et partagées avec son partenaire.

Ce dialogue permet à chacun de visualiser le cheminement de l'autre et favorise le travail de libération émotionnelle. Chaque partenaire reste ainsi au clair avec lui-même, tout en gardant son attitude d'ouverture envers l'autre.

Plus on ose dévoiler ses vulnérabilités, plus on se rapproche du cœur de sa blessure, de ses peurs et de ses insécurités profondes. Dans l'énergie de la *troisième couche émotionnelle*, les partenaires seront amenés à cerner et à exprimer leurs craintes les plus viscérales quant au lien qui les unit l'un à l'autre.

S Le NOUVEAU FUSIONNEL découvrira que plusieurs de ses comportements défensifs sont motivés par la peur qu'on ne l'aime plus s'il abandonne ses masques pour dévoiler ses insécurités. Il craint alors d'être rejeté et abandonné à ses émotions douloureuses. C'est donc davantage avec lui-même que le NOUVEAU FUSIONNEL aura à négocier, car les craintes de l'enfant qui se réveille en lui le dérangent beaucoup. Il devra apprendre à recevoir cet enfant et à l'accueillir dans ses peurs, puisque son partenaire se fait de moins en moins disponible pour le sécuriser.

F En effet, le NOUVEAU SOLITAIRE n'a plus comme priorité de prendre soin de son partenaire, tout occupé à se donner lui-même ce qu'il aura attendu

F de l'autre si longtemps. Étant encore novice dans l'art de répondre à ses propres besoins, il se sentira aussi très insécurisé par le lien amoureux. Il sera tiraillé entre ses besoins de sécurité affective garantis par son lien amoureux et ses besoins d'exploration. Dans sa sensibilité de FUSIONNEL, il perçoit aussi les besoins de son partenaire, mais il évite de se rapprocher, craignant de perdre la fragile maîtrise de son nouveau pôle. Peu solide sur ses nouvelles assises, il a toujours peur de se perdre dans les attentes oppressantes de l'autre. Apprendre à se choisir en délimitant ses frontières et ses besoins ne lui est pas facile.

Basculé dans la quatrième couche émotionnelle, qui recouvre ses besoins d'exploration et de différenciation, il se sentira souvent *coupable* de se choisir et de délaisser son partenaire. Incapable de constater qu'il se juge lui-même dans son mouvement de distanciation, que ce sont ses propres peurs qui le freinent, il pourra en vouloir à l'autre d'être si exigeant et de ne pouvoir le valider dans son mouvement. Dans cette strate émotionnelle, le NOUVEAU SOLITAIRE sera invité à assumer la responsabilité de l'ambivalence de son sentiment.

S Le nouveau FUSIONNEL apprend aussi à se réapproprier ses émotions. Il devra éviter le piège de se juger dans ses attentes, de s'en vouloir de se montrer si faible et dépendant face à l'autre. C'est avec *sa honte* qu'il aura à négocier quand ses nouveaux besoins de rapprochement et de sécurisation feront surface.

Au cœur de sa blessure d'amour et dans les besoins à combler pour la guérir, tout être humain doit se sentir accepté et aimé de façon inconditionnelle. Ici, les deux partenaires éprouveront le besoin d'être reçus et reconnus, rassurés, valorisés et encouragés dans leurs nouveaux pôles respectifs.

S Le NOUVEAU FUSIONNEL voudra être entendu et sécurisé dans ses besoins de rapprochement; il voudra être valorisé devant sa nouvelle sensibilité au monde des émotions et de sa disponibilité aux autres.

F Le NOUVEAU SOLITAIRE, pour sa part, s'attendra à être reconnu et apprécié pour sa nouvelle autonomie, validé dans son choix d'attitudes et ses décisions de faire des choses pour lui. Il voudra être félicité et admiré pour tous les efforts et le temps qu'il y consacre.

Pour désamorcer les situations conflictuelles où chaque partenaire se voit automatiquement basculé dans le circuit fermé de ses peurs, chacun devra se réapproprier son propre matériel plutôt que de le projeter sur l'autre.

OBSERVER ET DÉFINIR SES BESOINS ÉMOTIONNELS

L'exemple du refus de faire l'amour est ici utilisé pour illustrer ce processus d'approche à soi-même à travers les différentes couches du registre émotionnel. Cette grille d'observation est transférable à toute situation conflictuelle.

Dans un premier temps, il s'agit toujours de revenir à soi pour arriver à déterminer plus clairement ce qui s'y passe. Pour cela, il faut s'isoler, se retirer du champ d'énergie de l'autre; prendre de la distance, non pas en se refermant comme dans le cas d'une fuite, mais pour voir plus clair en soi, pour que chacun puisse retrouver son propre mouvement énergétique.

On peut commencer cette exploration des émotions en utilisant la grille reliée au travail avec les énergies du corps physique. Tout au long de ce travail sur les différentes couches émotionnelles, il faut accepter de laisser monter l'émotion pour la ressentir et la libérer complètement avant de passer à l'étape suivante.

Prendre conscience de sa colère

- Je suis en colère, frustré par le refus de l'autre et stoppé dans mon mouvement.
- Je déteste me faire dire non; j'ai beaucoup de difficulté à le prendre.
- Je lui en veux de me refuser. Il n'a pas le droit de m'imposer un refus.

Qu'est-ce qui me blesse, me déçoit ou m'attriste?

- Je suis profondément blessé et déçu d'avoir été repoussé, je me sens rejeté.
- Je me sens triste et seul, comme si je n'étais plus important pour l'autre.

De quoi ai-je peur?

- J'ai peur de ne plus être assez attirant pour l'autre.
- J'ai peur qu'il ne m'aime plus, sinon il aurait envie de faire l'amour.
- J'ai peur de le perdre.

Mes regrets et mon sentiment global

- Je m'en veux. Peut-être que si j'avais attendu ou si j'avais utilisé une autre stratégie d'approche...
- Pourquoi s'intéresserait-il à moi? Je me sens si moche ces temps-ci.

Qu'est-ce que j'attendais, quel était mon besoin?

- J'ai besoin d'être rassuré. J'ai besoin d'être touché. J'ai surtout besoin qu'il me dise qu'il est là pour moi.

Une fois les émotions reconnues, on est alors prêt à retourner vers son partenaire pour partager avec lui sa propre expérience, en utilisant le «je» pour dévoiler ces dimensions de soi qui demandent à être reconnues et libérées. Le partenaire est alors réceptif avec son cœur, en silence. La même grille peut être utilisée pour négocier avec les émotions réveillées lors de ce partage.

L'autre sera parfois incapable de nous recevoir avec amour dans notre besoin du moment. Étant lui-même en processus de négocier avec ses peurs, il sera prisonnier de l'une des couches de son propre registre émotionnel. Il est alors très important d'être là pour soi, de devenir le parent aimant recevant son enfant blessé. C'est désormais notre responsabilité d'accorder à notre enfant intérieur le temps, l'attention et la reconnaissance dont il a besoin. L'accueillir dans ses émotions nous mettra sur la piste de ses besoins et nous incitera à passer à l'action pour y répondre avec amour[8].

Contacter et accueillir son enfant intérieur blessé

- Prendre une position confortable et se *détendre* en ouvrant son corps pour laisser l'énergie circuler librement.

- *Par la pensée, retourner dans son enfance*, à l'endroit privilégié où l'on se réfugiait quand on avait de la peine ou quand on se sentait triste. Se remettre en contact avec l'énergie de ce lieu et le laisser nous habiter.
- Puis, *visualiser l'enfant* que nous étions dans ce lieu. On peut utiliser le support visuel de photos anciennes pour mieux visualiser comment était cet enfant et réveiller en nous la mémoire kinésique de notre vécu de l'époque. «Avec les yeux du cœur», bien regarder cet enfant. Quel âge a-t-il ? Comment est-il habillé ? Dans quelle position se tient-il ? Que fait-il ? Comment le percevez-vous ? Comment vous sentez-vous de le voir ainsi en face de vous, après toutes ces années ? Il est normal pour l'adulte de se sentir gauche, gêné ou même coupable devant cet enfant, ignorant qu'on le portait en soi et qu'il pouvait avoir besoin de nous.
- *Se rapprocher de lui et ouvrir le dialogue* en lui exprimant le but de notre visite. Lui dire qu'on vient tout juste d'apprendre qu'il était là, prisonnier en nous et qu'on est maintenant disponible pour en prendre soin.
- *Observer les réactions de l'enfant.* Souvent, il pourra ne pas vouloir nous voir, il boudera et refusera de nous parler ou encore il sera en colère parce qu'on l'aura abandonné à lui-même pendant toutes ces années. Ne pas s'inquiéter de sa réticence et de son hésitation à s'ouvrir. Il a besoin de temps pour être sûr qu'on ne va pas l'abandonner une autre fois. Il a surtout besoin de nous tester pour s'assurer qu'il ne sera pas rejeté ou trahi, s'il prend le risque de s'ouvrir à nouveau. Donc il est possible qu'on doive y aller

par étapes et qu'on ait besoin de plusieurs rencontres avant qu'il nous fasse assez confiance pour s'ouvrir.

- *Le rassurer* en lui exprimant qu'on comprend bien ses réactions, qu'on les accepte et qu'on est là justement pour réparer le vide et l'absence trop longue. Lui dire qu'on est là pour lui, parce qu'on l'aime et qu'on est prêt à attendre qu'il veuille bien nous parler. Si l'enfant sent qu'on lui ouvre son cœur, il va accepter d'établir le contact.

- *Lui exprimer qu'on aimerait se rapprocher davantage* et partager son émotion, sa colère, sa tristesse ou sa peine. Écouter sa version de l'histoire sans l'interrompre ou sans lui donner des conseils (ce dont il n'a pas absolument besoin). Il veut d'abord être entendu, reçu et accepté dans toutes ses émotions. On peut utiliser la grille du registre des émotions pour savoir où il en est et pour arriver à l'accompagner à travers toutes ces étapes, jusqu'à son besoin dont il est très conscient. Le plus grand besoin de cet enfant en soi c'est qu'on reconnaisse sa présence et qu'on l'aime assez pour l'écouter et l'accepter sans condition, dans toutes ses émotions.

- *Assurer à l'enfant qu'on va s'organiser pour lui donner ce dont il a alors besoin pour retrouver sa joie.* Peut être veut-il plus de temps de jeu et de détente? Peut être veut-il plus de tendresse et de proximité affective? Peut-être veut-il pouvoir être reçu dans sa différence ou a-t-il besoin qu'on le protège en délimitant nos frontières face aux autres? Plus on approfondit notre communication intérieure, plus les besoins de cet enfant se font clairs et précis.

- *Se rapprocher davantage de son enfant intérieur* et lui demander s'il accepte d'être touché. Le prendre dans nos bras, le serrer ou le bercer, car ses besoins de réconfort et d'amour passent surtout par le toucher.

- *S'assurer que l'enfant se sent mieux* et lui promettre qu'on reviendra dès qu'il aura besoin de nous, aussitôt qu'il ne se sentira pas bien. Toutefois, ne jamais lui faire de promesse qu'on sait ne pas pouvoir tenir. Il serait profondément blessé dans le lien de confiance qu'on veut rétablir avec lui. Si on craint de l'oublier à nouveau ou de ne pas l'entendre, lui demander de nous rappeler à lui, quand il en sentira le besoin.

- *L'embrasser avant de le quitter.* Si on se sent prêt, on peut le prendre sur son cœur et le ramener avec soi. On doit alors être prêt à s'en occuper avec amour, à le recevoir et l'accepter dans toutes ses émotions.

- *Revenir dans son corps physique*

Pour découvrir nos besoins relationnels, il faut explorer la gamme de toutes nos émotions. Rentrer dans ses émotions pour les apprivoiser, pour se permettre de les ressentir jusqu'au bout et les accueillir, est une clé de base sur le chemin de la transformation.

> L'autre n'est jamais responsable de mes émotions. Je ne l'ai pas appelé sur ma route évolutive pour combler mes manques, mais pour m'apprendre à reconnaître et à assumer mes besoins, avec amour.

LES BESOINS DU CORPS MENTAL

Le travail sur le corps physique et les émotions demeure incomplet et stérile s'il ne s'accompagne pas d'une transformation du corps mental. C'est en effet le système de croyances mis en place par le mental qui délimite la perception qu'on a de soi, des autres et de notre environnement. Ces croyances restreignent le registre de nos ressentis et nous enferment dans une gamme d'expériences dont sont exclus certains types de comportements. L'énergie du mental maintient les frontières qui délimitent le périmètre de sécurité à l'intérieur duquel on évolue. Quand on ose les franchir, on se sent en pays étranger, menacé par tout ce qu'on n'aura pas déjà vécu et expérimenté. On aura tendance à être négatif face à cette nouveauté.

Dans le processus de transformation, on accepte de s'aventurer hors de cette zone de pseudo-sécurité pour apprendre de nouvelles façons de se voir et de se définir, pour se donner la permission de ressentir d'autres émotions et pour vivre ces expériences antérieurement taboues. Dans ce but, notre mental doit abandonner le contrôle qu'il exerce sur nos autres corps et accepter de se mettre sous la vibration de notre corps spirituel et de notre Soi, dont la Sagesse et l'Amour sont appelés à gouverner notre existence.

Ce lâcher prise qui commande l'ouverture aux énergies du Soi ne sera pas facile au mental. Croyant être le seul maître à bord, l'emprise qu'il exercait avait pour but de nous protéger de la souffrance. Or, il devra toujours consentir à ce travail d'imprégnation, dans un geste de soumission à la Lumière et à la guidance du Soi.

S'ouvrir à notre véritable identité nous oblige à un profond remaniement de notre système de croyances[9]. Pour sortir des frontières qui nous avaient jusqu'alors définis, nous devrons abandonner les croyances limitatives de notre programme de survie et en adopter de nouvelles plus conformes à cette vision élargie de nous-mêmes.

Ces nouvelles croyances, que l'on apprend à cultiver, nous ouvrent aux énergies d'amour de notre Soi et nous servent de balises structurantes sur le territoire de l'ombre. Ces affirmations illustrent les semences nouvelles que l'on plante au jardin du corps mental.

- Changer, c'est possible.
- Plus je change, plus je m'aime et plus les autres m'aiment.
- J'accepte de m'ouvrir au changement.
- J'ai le pouvoir de transformer mon programme de survie et j'ai tout ce qu'il faut pour y arriver.
- Je fais de plus en plus confiance au processus de la vie en moi. Je ne suis pas seul et abandonné.
- Je m'ouvre davantage à ma souffrance car elle m'apprend des choses positives sur moi.
- J'accepte de ressentir mes émotions pour libérer l'énergie emprisonnée en moi.
- Je m'ouvre de plus en plus aux expériences que la vie m'offre, car mon «point de pouvoir est dans le présent» (Seth).

En acceptant de s'ouvrir à ces nouvelles croyances, on lève les barrières de l'ancienne structure mentale et on se rend disponible au travail des énergies de transformation.

REMODELER SON SYSTÊME DE CROYANCES

Pour assurer leur croissance et leur épanouissement, l'implantation des nouvelles croyances doit se faire parallèlement au dépistage et à la transformation des anciennes. Pour maintenir leur pouvoir sur le jardin du mental, ces croyances périmées (telles de mauvaises herbes) risquent d'étouffer les jeunes plants de nos nouvelles croyances. Un travail quotidien de jardinage vise à repérer nos croyances de base, pour ensuite les remplacer par des affirmations plus appropriées à ce que nous voulons maintenant créer, dans notre réalité intérieure et extérieure.

Le travail *de dépistage* de croyances est souvent ardu. Enchevêtrées et fondues dans le tissu de notre vie, on peut éprouver quelques difficultés à les isoler pour les regarder en face. Elles nous semblent si évidentes, qu'on les tient pour la réalité objective. Tout au long de cet ouvrage, nous avons traité de l'ensemble des croyances qui délimitent le champ de perception et de pensée de chacun des modes relationnels, leur registre de ressentis et leur périmètre d'action. Certaines croyances charnières constituent cependant le squelette à partir duquel le FUSIONNEL et le SOLITAIRE ont été amenés à se définir. Il est important de déterminer ces croyances car elles leur serviront de levier pour accéder au territoire de leur polarité complémentaire.

> Les croyances de base du SOLITAIRE se structurent toutes autour de l'éloignement et de la séparation comme moyen de se protéger de la souffrance reliée au monde des relations affectives.

S Elles se manifestent de la façon suivante :

Dans sa relation avec lui-même :

- Je ne peux faire confiance à mes émotions. Ce monde intérieur est trop imprévisible et souffrant. Je dois m'en couper ou m'en distancer par le contrôle mental et le mouvement.

Dans ses relations avec autres :

- Je ne peux faire confiance à personne. Je risque d'être à nouveau envahi ou trahi. Il est plus sécurisant de m'organiser tout seul.

Dans ses relations avec l'environnement :

- Pour éviter de fâcheuses surprises et m'assurer d'obtenir tout ce dont j'ai besoin pour être heureux, je dois continuellement maintenir un contrôle sur mon environnement.

> Pour se protéger de la souffrance reliée à la séparation, le FUSIONNEL a organisé son système de croyances autour du rapprochement et du lien privilégié avec les autres.

F On peut résumer de la façon suivante :

Dans sa relation avec lui-même :

- Je panique et me perds dans l'intensité de ma vie intérieure. Je me sens impuissant à gérer mes émotions. Je ne veux à aucun prix me retrouver seul avec moi-même.

F *Dans ses relations avec les autres :*

- J'ai un besoin insatiable de la présence aimante des autres. Pour me garantir ce lien, je suis prêt à leur accorder toute ma confiance et à m'oublier dans leur projet.

Dans ses relations avec l'environnement :

- Je n'ai aucune maîtrise de la situation extérieure. Je suis entièrement à la merci des événements ou des comportements des autres.

De nombreuses croyances secondaires se greffent à ce noyau central autour duquel le FUSIONNEL et le SOLITAIRE se sont définis. L'accès à ces croyances satellites est facilité par l'observation du dialogue mental lors de conflits ou d'un choix à faire. C'est un moment propice pour entrer en contact avec ces différentes parties de nous-mêmes s'exprimant sur le sujet. En utilisant la grille des émotions, on pourra découvrir les phrases clés scellant nos blocages émotionnels.

Dans l'étape de transformation comme telle, on isolera la croyance qui semble la plus importante à travailler et on s'y mettra de façon intensive à l'aide de différentes stratégies d'approfondissement. On remplacera l'énoncé négatif de l'ancienne croyance par l'énoncé positif qui correspond à ce que l'on désire. Il s'agit d'être le plus précis et concis possible dans la formulation de l'affirmation positive. À titre d'exemple, l'énoncé négatif de ce SOLITAIRE : *Le monde intérieur des émotions est trop douloureux et je dois m'en couper et m'en distancer par le mouvement* pourra devenir : *Je m'ouvre de plus en plus au monde des émotions et j'accepte de les ressentir.*

C'est sur cette nouvelle affirmation qu'on mobilise notre attention en la répétant à plusieurs reprises dans le but de mieux l'implanter en soi. Certains auteurs disent qu'une période de 21 jours est nécessaire à l'éclosion de toute nouvelle croyance. Pour arriver à des résultats tangibles, il ne s'agit pas de répéter machinalement la nouvelle affirmation plusieurs fois par jour en croyant bêtement à la magie du mot. Relié à l'énergie du Soi, on affirme notre intention de grandir par le choix de la nouvelle croyance. La force du mental donne et maintient la direction alors que le corps émotionnel fournit l'intensité nécessaire pour imprégner la nouvelle croyance. Ce travail d'ancrage donnera de meilleurs résultats quand l'énergie de tous nos corps sera mobilisée par le processus, à l'exemple du rituel qui sollicite également la participation du corps physique.

Prenons l'exemple d'un SOLITAIRE qui essaie depuis longtemps, mais sans grand succès, d'accéder à son monde intérieur au moyen de la méditation. Cette expérience a pu faire naître en lui la croyance négative qu'il lui est impossible de maîtriser son mental pour atteindre le calme et la paix nécessaires à cette percée intérieure. Dans son impuissance, il pourra critiquer la méthode ou se traiter d'incapable renforçant ainsi ses croyances négatives et son insuccès. C'est justement quand il sera en colère ou désespéré par son impuissance qu'il devra utiliser la force de cette charge émotionnelle pour se répéter à haute voix et avec intensité sa nouvelle croyance : *J'ai facilement accès à mon monde intérieur.*

Chargée de notre volonté de changement, la nouvelle affirmation vient remplacer celle qui gouvernait notre vie. Souvent des foyers de résistance vont surgir pour empêcher ce changement radical. La nouvelle croyance que l'on implante en soi peut être perçue comme un virus s'attaquant à notre système. Par une réaction de survie, ce dernier mobilise son arsenal de défenses pour combattre l'intrus. Pour désamorcer cette opération de sabotage nous devrons affronter les peurs qui ont donné naissance à la croyance initiale. Nos croyances erronées sont issues de nos peurs. Elles ont été mises en place pour nous protéger de notre souffrance.

Pour illustrer les résistances du corps mental, écoutons ses réactions possibles à ma nouvelle affirmation suivante : *Je m'ouvre de plus en plus au monde des émotions et j'accepte maintenant de les ressentir.* «Tu n'y arriveras jamais, c'est beaucoup trop difficile; Je t'avais bien dit que ça ne réussirait pas; Qu'est-ce que les autres vont dire si je me montre ainsi faible; J'ai l'air idiot; C'est dangereux d'avoir l'air si faible et démuni devant les autres, ils vont profiter de toi; Quand tu montres tes émotions, on ne t'écoute pas; Quand je suis dans l'émotion, j'ai l'air totalement ridicule.»

Il est important de donner la parole à cette dimension de nous qui proteste et conteste, de dialoguer avec elle pour obtenir sa coopération. Cependant, il n'est pas question de s'en débarrasser par la force ni de l'obliger à se taire sans dangers sérieux pour notre équilibre énergétique. L'énergie du mental est essentielle à notre transformation. Il est donc impérieux de reconnaître son pouvoir. En négociant avec elle, on pourra réorienter ses manœuvres de protection. On peut, par exemple, visualiser ce grand contrôleur en nous et le remercier de nous avoir protégés de son mieux pendant toutes ces années. On lui confirme qu'on a toujours besoin de sa force et de sa détermination, mais que son ordre de mission est modifié. On sollicite désormais son aide pour vivre et ressentir ce qui est là, au présent.

Comme il y a des années que notre mental fonctionne de façon autonome, sans aucune ingérence dans son champ énergétique, il se pourrait qu'il fasse la sourde oreille à nos premières tentatives pour modifier son fonctionnement. En acceptant de l'écouter et de respecter ses forces, il finira cependant par accepter ses nouveaux objectifs.

C'est à partir du mental que l'on doit se donner de nouvelles permissions. On doit obtenir son feu vert pour arriver à ressentir dans son corps la gamme des émotions interdites par notre ancien système de croyances. On a surtout besoin de sa détermination pour se permettre d'expérimenter des comportements plus aimants, non plus basés sur nos peurs, mais sur notre intention de grandir. Changer ses convictions aura des répercussions sur les corps physique et émotionnel, directement impliqués dans l'implantation et la croissance de toute nouvelle croyance. Quand nos insécurités physiques ou émotionnelles seront réveillées, on poursuivra le processus de libération, en approfondissant les besoins de ces corps, à l'aide des grilles proposées à ces fins.

LES BESOINS DU CORPS SPIRITUEL

On ne peut donner un sens à son existence et trouver une signification profonde à sa souffrance, sans rétablir le lien avec sa dimension spirituelle. Sans son apport, la transformation est impossible, car elle porte la matrice de notre totalité. Cependant, l'entrée sur ce territoire sera souvent très déroutante. Le langage de cette dimension, qui ne fait pas appel à la logique rationnelle valorisée par nos institutions contemporaines, nous sera parfois difficile à décoder[10].

Le Soi peut être comparé à une source d'information en continuelle transmission. Seule l'intelligence intuitive, associée à l'hémisphère droit, nous permet de synthoniser les informations transmises sur cette fréquence vibratoire. Dans cette dimension subtile, ce qui est perçu ou pressenti est souvent intangible, absurde et inexplicable aux yeux de notre rationnel et par nos seuls sens physiques. Pour capter les transmissions du Soi, il nous faut apprendre à synthoniser cette bande de fréquences subtiles. Elles nous sont inaccessibles quand nous sommes distraits par nos fuites, ou perdus dans nos conditionnements de survie. Cette énergie ne peut nous atteindre si elle est couverte par le bruit de fond de notre continuel babillage mental, par celui de nos turbulences émotionnelles ou par celui du téléviseur. Pour s'harmoniser à cette fréquence vibratoire, il faudra apprendre à nous arrêter, à faire le silence pour arriver à entendre de l'intérieur ces messages.

L'intuition est le terme le plus souvent utilisé pour désigner la manifestation de cette énergie subtile. Selon nos diverses sensibilités, on arrive à la capter et à la décoder différemment. Certains, à qui elle parlera, vont littéralement entendre une «petite voix» leur dire, par exemple : «Tu devrais prendre ton parapluie.» Mais comme il fait très beau dehors, le mental réplique : «Tu n'en auras pas besoin.» Quelques heures plus tard, alors que la personne attend l'autobus sous la pluie, elle se dit: «Ah ! si je m'étais écoutée. Oui, si j'avais su faire confiance à ce que ma petite voix me disait, je n'en serais pas là, car elle savait déjà.» En effet, cette partie de nous n'est pas soumise au temps linéaire et pour elle, le passé et le futur se rencontrent dans un éternel présent. Elle connaît donc tout ce qu'on a besoin de savoir, pour être heureux ici et maintenant.

Il arrive aussi à l'intuition de s'exprimer par images. Ainsi, on peut être en voiture et, sur son écran mental, on voit un accrochage sur l'autoroute, ou encore, en conversation avec un ami, on a le flash de le voir au salon funéraire. Parfois, ces images sont si volatiles qu'elles nous échappent et qu'on agit comme si on n'avait rien vu. Peu habitué à faire confiance à cette dimension irrationnelle, on doute souvent de sa validité et de sa pertinence dans l'instant. Quand par la suite, on se retrouve coïncé dans l'embouteillage ou qu'un ami nous révèle le décès de sa mère, on sait, alors, qu'on le savait déjà. Nos sensations physiques et kinésiques sont d'excellents capteurs de cette énergie conseillère. C'est le cas quand notre corps physique s'oriente dans une certaine direction et nous force à entrer quelque part où, par hasard, on rencontre quelqu'un qu'on espérait revoir depuis très longtemps.

Ces *synchronicités* sont les moyens privilégiés par lesquels notre Soi répond extérieurement à nos besoins du moment. Combien de fois n'a-t-on pas souhaité communiquer avec un ami lointain quand celui-ci nous surprend en téléphonant après de longs mois de silence et justement quelques minutes après qu'on ait pensé à lui. Ainsi, il est des rencontres imprévues, des émissions télévisées ou la lecture de certains livres qui marquent des tournants dans notre évolution. Ils surviennent à un moment précis de notre vie, nous apportant une confirmation de ce qui avait été pressenti depuis longtemps. Dans ces moments de coïncidence parfaite, on éprouve le sentiment d'être profondément touché de l'intérieur. Ce mariage de nos mondes intérieur et extérieur remplit notre cœur de joie et nous laisse un sentiment accru d'espace et de liberté intérieurs.

Le sentiment d'être au centre de Soi, que l'on éprouve alors, découle de l'harmonie entre tous nos corps. La souffrance est toujours un signal nous disant qu'on s'éloigne de ce centre, qu'on perd l'alignement sur son corps spirituel. Pour se rendre plus disponible à la pénétration de cette énergie en nous, un travail de purification et de déconditionnement doit s'opérer dans chacun de nos corps. Sous le poids de notre programme de survie, ceux-ci se sont refermés, espérant ainsi éviter la souffrance. C'est dans la guérison de nos peurs, par la réouverture graduelle de tous nos corps qu'on reprend contact avec la puissance de l'énergie du Soi. Provoquer cette ouverture de façon artificielle ou trop rapide (sans l'assentiment de tous nos corps), risque de court-circuiter notre système.

Dans sa vision globale de notre réalité, notre Soi connaît nos limites et nos résistances. Il va toujours respecter notre capacité d'absorption et d'ouverture à son énergie. On peut être assuré que les expériences de vie que le Soi nous programme sont là pour que nous apprenions à nous libérer de nos peurs. Ces expériences ne sont jamais insurmontables, étant toujours à la mesure de notre potentiel de transformation. En aucun cas, notre Soi ne pourra nous vouloir du mal, car il est notre propre sagesse à l'œuvre dans notre vie. Par contre, si on refuse de l'écouter, il pourra nous forcer à lui prêter attention par des moyens qu'on pourra juger cruels ou injustes.

L'ego ou le mental ne sont jamais bons conseillers dans le domaine de l'énergie spirituelle. Fonctionnant à partir de la mémoire du passé, ils ne possèdent pas l'envergure nécessaire pour appréhender et comprendre la dynamique de cette énergie. Celle-ci représente un niveau supérieur d'organisation et de conscience qui les englobe et les transcende.

La *méditation* est un moyen privilégié pour observer son mental à l'œuvre et apprendre à s'ouvrir à l'énergie spirituelle. Par la pratique de la méditation, on arrive à se détacher suffisamment du mental pour devenir témoin de l'éternel babillage dans lequel il nous entraîne. Dans ce lieu d'observation, on se met à l'écoute de ses corps émotionnel et physique pour laisser émerger les insécurités, les désirs et les attentes qu'ils portent. On accepte alors de regarder ces sentiments sans s'identifier à eux, on leur donne la permission d'être. Dans cet état de réceptivité et d'absence de contrôle, les besoins évolutifs cachés derrière ces peurs peuvent mieux apparaître, libérant la voie au passage de l'amour.

La *relaxation* et la *détente* sont également une porte d'entrée à la sagesse instinctive de notre corps spirituel[11]. Le conditionnement dû à notre programme de survie fait de nous des êtres stressés, qui évoluent constamment dans la peur. La peur de ne pas obtenir ce dont on a besoin ou, quand on a finalement réussi à l'obtenir, la peur de le perdre. Par la pratique de la relaxation et de la détente, on apprend à ouvrir son corps et à libérer les tensions associées à la fermeture, aux contractions de la peur. Notre Soi nous parle à travers les besoins de guérison de tous nos corps. En acceptant d'affronter nos peurs et d'en libérer l'énergie, chacun de nos corps se purifie, offrant moins de résistance à l'énergie d'amour qui émane du Soi. Plus l'ouverture s'approfondit, plus les corps s'harmonisent et plus l'être est appelé à explorer des dimensions de lui-même se situant au-delà des frontières de sa personnalité.

L'exploration des rêves lève le voile sur les multiples facettes du joyau qui constitue notre être global. Nos rêves sont le symbole du grand mystère qui se déploie en nous. Même si certaines de leurs fonctions restent encore à découvrir, les rêves, selon des chercheurs, servent de pont entre nos mondes extérieur et intérieur. En nous informant sur les multiples dimensions de notre réalité, ils rééquilibrent les énergies de nos différents corps.

Nos rêves représentent un outil précieux pour la découverte et l'exploration de nos territoires vierges [12]. Par nos rêves prémonitoires et nos rêves initiatiques, à travers des personnages et des symboles de force, il semble que l'on soit mis en contact avec tout un potentiel d'énergies nouvelles. Tout comme la présence de notre partenaire amoureux sert à réveiller certaines énergies latentes, nos expériences oniriques viendraient activer nos énergies subtiles. Malgré le caractère hermétique relié à leur langage codé, nos rêves restent à apprivoiser et à approcher avec grand respect. Il suffit de vouloir s'ouvrir à leur sagesse et à leur guidance pour qu'ils consentent à nous livrer leurs secrets.

Les ressources de notre Soi nous sont toujours disponibles. Une attitude de confiance et de révérence nous ouvre la porte à ces dimensions subtiles de notre être.

S'OUVRIR AUX ÉNERGIES DU CORPS SPIRITUEL

Quand on se sent coïncé dans une impasse, sur n'importe quel plan de sa vie, quand on a besoin de savoir quoi faire, où aller ou comment évoluer, c'est le moment de contacter cette énergie conseillère.

- *Se mettre en état de détente et rentrer en soi.* La position assise, qui n'invite pas au sommeil, peut favoriser une meilleure focalisation de l'attention. S'assurer aussi que la colonne vertébrale soit droite pour faciliter la libre circulation de l'énergie dans tout le corps. Déplacer son *focus* du dehors au dedans à l'aide de son oeil intérieur. On peut ainsi visualiser ses corps physique, émotionnel et mental comme étant ouverts et prêts à être guidés dans le choix qui nous tenaille.

- *Visualiser cette dimension* à laquelle on fait appel comme étant une femme sage, un magicien, un médecin, un être de lumière ou encore un animal de pouvoir. Suivre son intuition pour être guidé dans le choix de ce symbole. On peut aussi utiliser les personnages de pouvoir que l'on rencontre dans ses rêves. À cet effet, laisser l'imaginaire créer l'environnement et le contexte dans lesquels le personnage évolue et entrer dans ces lieux pour aller à sa rencontre. En se rapprochant de cet être, observer de l'intérieur comment on se sent dans son champ d'énergie.
- *Établir un dialogue avec ce personnage* à partir de l'énergie de son cœur. Lui parler de notre vécu et de notre besoin de recourir à son assistance pour clarifier notre vision et pour obtenir une réponse à notre questionnement. Lui exprimer notre confiance d'obtenir ce dont on a besoin et le remercier à l'avance de son aide.
- *Ouvrir son cœur* pour s'imprégner de la force, de la sagesse et de l'amour qu'il nous communique dans l'expérience.
- Revenir à soi et *se rendre disponible pour recevoir sa réponse.*

Cette réponse pourra prendre un certain temps à nous arriver, car elle doit se frayer un chemin à travers nos peurs. C'est donc le moment de faire taire notre ego qui veut tout (et tout de suite), pour faire confiance à la sagesse du processus en nous. Toutes les réponses à nos questions sont déjà en nous. Il s'agit d'ouvrir son cœur et d'abaisser les barrières de son mental pour que la réponse nous soit révélée.

CHAPITRE 7

RÉINVENTER SA FAÇON D'AIMER

Dans le modèle de l'ancien couple, notre estime de soi et notre bonheur dépendent de la volonté de l'autre de répondre positivement à nos besoins de rapprochement ou d'éloignement. Dans ces attentes, on lui remet la responsabilité de son bonheur, comptant sur lui pour éviter d'être en contact avec sa propre souffrance. Le NOUVEAU COUPLE évolue à partir de bases différentes puisque la relation avec l'autre dépend de la relation d'amour que chacun établit et développe avec lui-même. La relation avec soi-même devient donc un préalable à la relation avec l'autre. Responsable de son bonheur et de sa souffrance, chaque partenaire apprend à développer une nouvelle relation d'amour avec lui-même.

LA RELATION D'AMOUR AVEC SOI-MÊME

Le contact que l'on apprend à rétablir avec les énergies profondes de notre être nous amène à développer un nouveau mode de relation avec soi-même. Cette nouvelle relation vise à harmoniser en soi les forces de nos deux polarités. C'est une relation d'écoute, de support et d'acceptation qui se développe entre notre *Homme intérieur* et notre *Femme intérieure*, entre nos énergies masculine et féminine. Dans ce nouvel échange, les besoins de chaque polarité seront reconnus et honorés. La relation d'amour de soi va s'exprimer sur trois paliers différents :

1. L'engagement face aux forces du Soi;
2. Le développement d'une plus grande intimité avec soi-même;
3. L'expression de son être global dans la créativité.

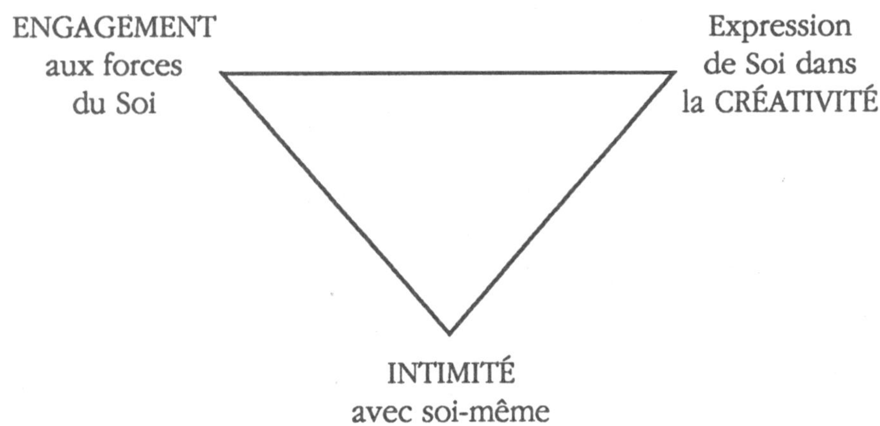

Tableau 6 *: Le triangle de la relation avec soi / Soi.*

1. À ce premier palier, dans le *nouvel engagement que je prends* pour assumer la responsabilité de mon bonheur et de ma souffrance, je m'ouvre à la guidance et au pouvoir d'amour de mon Soi. Je lui accorde ma

confiance pour me guider et me soutenir dans mon processus de transformation. Plutôt que de vouloir en garder le contrôle, j'accepte de lâcher prise en lui confiant la direction des opérations. J'apprends à faire confiance à sa sagesse. Je m'abandonne pleinement à ce qu'elle met sur ma route sachant que l'expérience est là pour m'apprendre à exploiter à leur maximum les ressources de mes deux polarités. J'accepte la responsabilité de développer et de laisser s'épanouir ce qui fait de moi un être unique. Je clarifie mon intention d'actualiser toutes les potentialités de mon être, de réaliser mon mariage intérieur. Je vois les conflits, les crises et les impasses de ma vie amoureuse comme des opportunités offertes par mon Soi pour m'ouvrir à l'amour [1]. En refusant de me fuir, je choisis l'ouverture et l'acceptation comme moyens de grandir et de m'épanouir en comblant mes besoins profonds.

2. C'est à travers une *intimité avec tous mes corps* que je prends conscience de ces besoins en attente. À ce deuxième palier, j'apprends à voir et à traiter mon corps physique comme mon ami le plus intime. Il m'accompagne depuis ma naissance. Il porte et habille mes autres corps. Dans la relation d'amour que j'établis avec lui, je me mets à son écoute et j'apprends à le respecter dans ses besoins polarisés de repos ou d'excitation, d'éloignement ou de rapprochement.

   Faisant confiance au processus de guérison qui s'opère en moi, j'accepte d'ouvrir mon corps émotionnel pour ressentir. Dans l'énergie de la polarité féminine, je me familiarise aux différentes tonalités émotives qui vibrent en moi. Plutôt que de me refermer ou de les retenir par mes peurs, je leur donne la permission d'être. J'apprends à les honorer dans le message caché qu'elles me dévoilent sur ces autres parties de moi-même qui veulent être entendues et aimées. J'utilise les forces de ma polarité masculine pour soutenir la découverte de mes véritables besoins.

Dans l'énergie de mon corps mental, je cible mieux mon pouvoir de définir mes nouvelles croyances. Conscient de la douleur occasionnée par les limites de mes anciennes croyances, je consens à les ouvrir au pouvoir de transformation de mon corps spirituel. Je puise à l'énergie de mon Soi pour alimenter le choix qui respecte mon intention de grandir.

En explorant ces différents plans d'énergie, j'accepte davantage d'entrer dans mes vulnérabilités, car je reconnais que mes forces y sont emprisonnées. J'apprends à être dans la compassion face à mes impuissances. C'est dans une attitude de non-jugement et d'acceptation inconditionnelle que je m'accueille dans mes peurs et mes fragilités. En disant *oui* aux émotions interdites, je libère l'énergie retenue prisonnière en moi.

Ce que j'accepte, me libère.

Cette attitude de lâcher prise et de non-contrôle m'est plus facile à accepter, car je fais de plus en plus confiance aux ressources de mon énergie masculine pour honorer et satisfaire mes besoins d'une façon concrète. Dans cette ouverture aimante à mon vécu intérieur, je vois comment répondre à mes besoins de l'instant.

Je m'apprivoise ainsi à la dualité de mon être, à ce que j'aime en moi et à ce qui me déplaît. J'apprends surtout à me recevoir et à m'aimer sans condition dans ces parties de moi-même que je juge taboues et laides. Je négocie mieux avec la honte, la culpabilité et le jugement, ces monstres intérieurs qui sabotent mon estime de moi-même et me ferment à l'amour.

> La seule perfection visée,
> c'est l'acceptation de soi.

En acceptant mon imperfection [2], j'apprends à m'ouvrir à la possibilité d'un amour humain. Mon partenaire n'aura plus à être le dieu idéal dont je rêvais. Je lui permettrai d'être, lui aussi, un humain en devenir. Apprendre à se donner cet amour inconditionnel nous prépare à le recevoir et à le partager avec un autre.

> On ne peut recevoir des autres,
> que ce qu'on est capable
> de se donner à soi-même.

3. Le troisième pilier de la relation d'amour envers soi-même passe par *l'expression du Soi dans la créativité*. Répondre à mes besoins et actualiser mon potentiel d'être se réalise au quotidien par la création d'une vie à ma pleine mesure. On ne peut se permettre d'enterrer les talents qui nous ont été donnés, puisque ceux-ci nous sont confiés pour être exploités à leur maximum.

> Pour rendre hommage à mes découvertes intérieures, je me dois de passer à l'action en osant risquer de vivre ce qui me ferait le plus plaisir. C'est en suivant le chemin de ses rêves qu'on trouve la joie de vivre.

Pour favoriser l'éclosion de mes potentialités latentes, de nouvelles attitudes seront exigées de moi. Plutôt que d'envisager ma vie comme une dramatique où j'ai à lutter pour ma survie, je suis invité à la voir comme une pièce de théâtre d'improvisation où tout est possible. De cette perspective d'expérimentation, je peux reprendre et recréer les scènes qui me semblent incomplètes ou imparfaites. Dans cette optique d'apprentissage, je vais plus facilement m'accorder le droit de faire des erreurs. Dans ma nouvelle attitude d'acceptation inconditionnelle, je me refuse à poser tout jugement négatif sur mon vécu. Plutôt que de me refermer sur les expériences relationnelles vécues comme des pertes, je consens à m'y ouvrir pour découvrir la leçon de vie à laquelle l'expérience me convie. Tout mon vécu me sert de matériel d'apprentissage pour développer une vision de moi-même plus profonde, et mieux cerner mes véritables besoins.

Dans ce nouvel espace d'expérimentation, je me donne la permission de tester au grand jour mes pouvoirs de co-créateur. Je me refuse à subir ma vie en victime impuissante. J'exerce consciemment mon pouvoir de création en canalisant mes énergies différemment. Dans son pattern de survie, le FUSIONNEL sacrifie ses énergies créatrices à ses relations amoureuses. À cette étape, il est appelé à utiliser la force cachée derrière ses peurs pour passer à l'action dans les autres dimensions de sa vie. Le SOLITAIRE, quant à lui, devra plutôt rediriger le faisceau de ses forces créatives de l'extérieur vers l'intérieur, dans le but d'apprivoiser l'univers qui l'habite.

Le processus de création sollicite l'apport harmonieux de nos deux pôles. En visualisant mes nouveaux objectifs de joie, d'harmonie et d'abondance, je les charge du pouvoir de mes désirs et de mes attentes puis, j'attends des ouvertures ou des synchronicités avant de m'engager dans l'action. Je n'accepte plus d'aller à contre-courant. Je me refuse à gaspiller mes énergies afin que mes projets démarrent ou réussissent à tout prix, parce que mon ego l'aurait décidé. Je n'ai plus à me battre car j'apprends à respecter le mouvement naturel des forces en présence. Si je suis confronté à un blocage extérieur, je décode cet obstacle comme étant le signe de mon besoin de revenir à ma Source pour une nouvelle guidance. Par ce rappel intérieur, je pourrai être amené à clarifier mes intentions, à transformer une croyance limitative ou peut-être à libérer une peur bloquant l'énergie de matérialisation. Le désengagement de l'ego produit toujours des effets magiques. Dans ce lâcher prise, je me sens porter par le courant d'une rivière. Cet état de centricité me signifie que l'état d'harmonie entre mes polarités active mon potentiel créateur.

LES TRIANGLES DE LA RELATION AMOUREUSE

Parmi les nombreux auteurs qui ont étudié le phénomène de l'amour, Sternberg[3] (dont je me suis inspirée pour élaborer le triangle de la relation avec Soi) élabore une grille intéressante sur les fondements du lien amoureux. Selon son hypothèse, la relation amoureuse reposerait sur l'interaction de trois grandes composantes : l'intimité, la passion et l'engagement. Il définit l'*intimité* comme étant le sentiment de se sentir proche et lié à quelqu'un. Il associe les sentiments romantiques et l'attraction physique et sexuelle éprouvés pour l'autre à la *passion*. Enfin il décrit l'*engagement* comme étant la décision d'aimer quelqu'un et l'investissement que l'on consent pour maintenir cet amour.

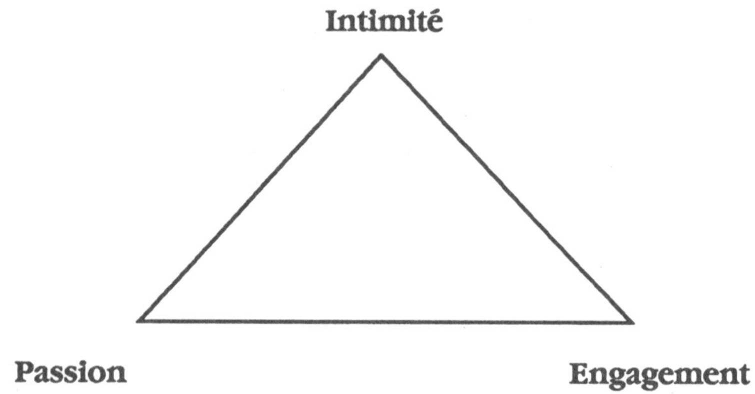

***Tableau 7** : Le triangle de la relation amoureuse d'après Sternberg. Définition de l'ancien couple selon notre hypothèse.*

La combinaison différente de ces trois éléments de base (intimité, passion, engagement) chez les partenaires d'un couple détermine le type de relation qu'ils développeront. Ainsi, une relation dans laquelle les partenaires ne vivent que l'intimité est une relation d'amitié. Quand les partenaires vivent l'intimité et la passion, leur relation s'apparente à l'amour romantique. La combinaison intimité et engagement donne naissance à une relation de compagnonnage. Selon l'hypothèse de Sternberg, la relation amoureuse subit des déséquilibres temporaires ou permanents quand les niveaux d'intimité, de passion et d'engagement entre les partenaires fluctuent dans le temps.

Cette description de la relation amoureuse ressemble à ce qui est vécu par les partenaires de l'ancien couple. En fonction de leur programme de survie, le FUSIONNEL et le SOLITAIRE, qui ne valorisent pas les mêmes composantes de la relation amoureuse, ont des attentes précises et différentes en ce qui concerne l'intimité, la passion et l'engagement.

Dans notre perspective de NOUVEAU COUPLE, l'*intimité* est définie par l'ouverture et le rapprochement des corps émotionnels. Dans le modèle de l'ancien couple, la capacité à vivre l'intimité dépend toujours de plusieurs facteurs.

F Le FUSIONNEL accepte d'ouvrir et de se rapprocher de l'autre, sur le plan émotionnel, s'il perçoit chez lui un désir de s'engager. Il a besoin de cette “garantie” pour consentir à se livrer en profondeur. Il confondra souvent passion et engagement, décodant à tort dans l'intensité passionnelle vécue avec l'autre un signe de son désir de s'engager.

S Au contraire, avant de pouvoir s'ouvrir sur le plan affectif, le SOLITAIRE devra se rassurer par le biais de la passion et de la sexualité. Il y est sur le territoire de ses forces, capable d'être le maître, en apparence, à la fois de ses fonctions sexuelles, de son excitation, de son plaisir, de même que du plaisir de l'autre. Sécurisé par cette dimension de son lien, il pourra ensuite accepter de se laisser toucher émotivement par l'autre.

La *passion* est associée au rapprochement énergétique des corps physiques. Là aussi, les besoins et les attentes du FUSIONNEL et du SOLITAIRE sont différents.

S La passion sera prioritaire pour le SOLITAIRE qui y verra un moyen privilégié de se lancer à la conquête de l'autre. Il refusera souvent à pousser son exploration plus en profondeur s'il est rebuté par un aspect relié au corps physique de l'autre, tel que son odeur, son visage, sa pilosité ou sa taille.

F Chez le FUSIONNEL, la passion est dépendante de son désir d'intimité. Elle est d'abord émotionnelle. L'attrait physique et sexuel ne suffit pas à motiver son besoin de l'autre. Il lui sera donc difficile de s'abandonner sexuellement pour son seul plaisir génital.

L'*engagement*, qui relie les partenaires sur le plan de leur corps mental respectif, s'exprime par la décision de s'investir activement dans la relation. Ici aussi, les différences entre le FUSIONNEL et le SOLITAIRE sont significatives.

F Un FUSIONNEL n'hésitera jamais à s'engager s'il sent que l'intimité et le lien émotionnel sont présents ou possibles avec son partenaire. Pour ne pas perdre le bien-être apporté par ce lien, il insistera pour le concrétiser dans le quotidien, dans des projets communs qui nécessitent la proximité physique entre eux.

S Toutefois, l'engagement à long terme semble être la bête noire du SOLITAIRE qui a des difficultés à établir un lien affectif en profondeur. Il se sentira beaucoup moins hésitant à un premier niveau d'engagement, s'il peut d'abord être sécurisé par la passion qui lui est garantie par sa liaison physique et sexuelle avec l'autre.

Cette description fait ressortir le cadre limitatif de l'ancien couple et la relation de co-dépendance qui en découle pour chacun des partenaires. Dans leurs patterns respectifs, chacun pose des conditions à l'amour, mais doit également se plier aux demandes de l'autre, pour lui garantir la satisfaction de ses besoins. Ce type de relation paradoxale est vouée à l'échec, puisque l'autre est considéré à la fois comme responsable de notre bonheur et comme le plus grand obstacle à sa réalisation.

EXPLORER LE TERRITOIRE DU NOUVEAU COUPLE

Le NOUVEAU COUPLE évolue à partir de l'interaction de ces deux processus dynamiques : celui de la relation avec soi et celui de la relation avec l'autre. Comme nous l'avons vu, le fondement de la relation avec l'autre repose sur la capacité préalable de chacun des partenaires d'établir et de maintenir une relation d'amour envers lui-même.

Il est impossible d'*être intime* avec autrui sans avoir d'abord développé une certaine relation d'intimité avec soi. Si je suis inconscient de mes masques, et surtout des peurs que je protège derrière ceux-ci, le dévoilement lié au rapprochement intime sera impossible. La disponibilité et les émotions de l'autre me feront paniquer. Peu en contact avec le territoire de mes ombres, sitôt que mes peurs seront activées, je serai porté à blâmer l'autre ou à m'en vouloir de ne pouvoir vivre l'intimité. Tant que je refuse d'assumer ma propre vulnérabilité, je ne peux recevoir celle de l'autre et la relation ne peut être approfondie. Je reste dans la *fermeture* et le *contrôle,* incapable de m'abandonner au pouvoir de l'amour.

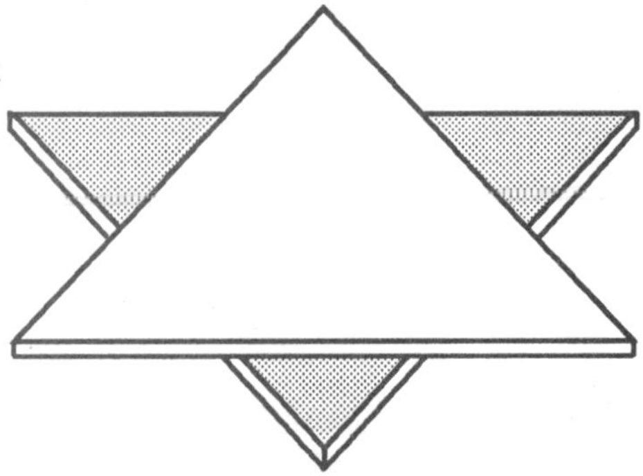

Tableau 8 : Les triangles de la relation amoureuse, définition du *NOUVEAU COUPLE*

De la même façon, la *passion* et les *sentiments romantiques*, qu'on espère vivre avec l'autre, dépendent de la résonance que l'on peut atteindre dans son propre corps physique à travers son énergie sexuelle. Si je suis inconscient de mes besoins sexuels ou incapable de les exprimer, j'impose à l'autre une responsabilité qu'il sera incapable d'assumer. Pour allumer et maintenir le feu de la passion entre les partenaires, l'énergie doit d'abord circuler librement entre tous leurs corps. Or, quand le lien cœur / sexe est absent, la stimulation du corps physique est confiée au mental, qui tente de maintenir l'excitation par l'action et le mouvement. Cette attitude de contrôle rend impossible l'écoute des mouvements, plus subtils, des ressentis du moment.

Lorsque le corps physique ne peut s'alimenter aux énergies des corps émotionnel et spirituel, la passion n'est qu'un feu de paille. Incapable de nourrir ces autres corps, la relation sexuelle nous laisse amers et surtout vides intérieurement[4]. Dans ce cas, on éprouve le sentiment soit d'être dominé par l'autre, soit de l'utiliser comme un objet. Plus j'apprivoise mon corps sexuel, plus je m'ouvre à mes ressentis et à mes instincts profonds, plus j'augmente ma capacité à vivre avec mon partenaire une passion sans cesse renouvelée.

Ces mêmes principes s'appliquent à la dimension de l'engagement. Selon la définition de l'ancien couple, s'engager équivaut à signer un chèque en blanc suicidaire. Comme je rends l'autre responsable de répondre à mes besoins, sur qui vais-je pouvoir compter quand il sera non disponible, dans l'insécurité ou en fuite?

> La meilleure garantie que je possède de vivre une relation harmonieuse et équilibrée, c'est le choix que je fais d'être là, pour moi.

C'est l'assurance que je me donne de me choisir et de prendre soin de mes besoins. En assumant la responsabilité de mes besoins d'éloignement et de rapprochement, je libère l'autre de l'obligation de répondre à ces besoins. C'est dans l'engagement que je prends envers moi-même que je me rends disponible pour l'autre.

La vie de couple offre un contexte privilégié pour apprendre à développer en soi une relation inconditionnelle d'amour. La relation avec l'autre me ramène automatiquement à moi-même, puisqu'elle m'incite à déceler mes besoins et à libérer les croyances erronées et les peurs qui m'empêchent de les satisfaire. Loin de m'enfermer dans un narcissisme, cette relation, que j'approfondis en moi-même, m'ouvre davantage à l'autre.

J'ai le goût de lui faire partager mes découvertes. Je me sens plus sécurisé pour me révéler à lui, pour qu'il soit le témoin de cette nouvelle expression de mes forces et de mes vulnérabilités. À cause de la solide relation d'amour que j'établis avec moi-même, la différence de l'autre se fait moins menaçante.

> Ce que j'apprends à accueillir en moi, je peux mieux le reconnaître et l'accepter chez l'autre.

UN NOUVEL ESPACE RELATIONNEL

Dans la structure ouverte du NOUVEAU COUPLE, chaque partenaire est en cheminement pour reconnaître et assumer consciemment ses deux polarités. Davantage en contact avec les ressources intérieures de ces deux énergies, les partenaires expérimentent de nouvelles façons de vivre la relation d'amour.

Dans cet autre contexte, l'espace relationnel du *nous* devra être redéfini pour s'ajuster aux nouveaux besoins des partenaires. Chacun sera invité à sortir des limites qu'il impose au couple par sa vision fermée et idéalisée de la vie à deux et de l'amour. Il ne faudra pas avoir peur de s'éloigner des modèles stéréotypés, car ce sont, désormais, les besoins de chacun qui vont délimiter le nouveau territoire du couple.

Dans la dynamique relationnelle du NOUVEAU COUPLE, les partenaires sont prêts à s'accorder toute la distance nécessaire pour consolider la relation qu'ils apprennent à développer avec eux-mêmes. Cet espace est vital à chacun pour reconnaître, accepter et exprimer son être unique et différent de l'autre. Dans cette expérimentation en dehors du *nous*, on teste ses limites tout en apprenant à les dépasser, bref on augmente son estime de soi et la confiance en ses possibilités. Cet espace personnel est essentiel à la découverte de ses potentialités et au développement de sa créativité.

> Seule la structure ouverte du NOUVEAU COUPLE permet une véritable rencontre entre les partenaires. L'espace du *nous* est de moins en moins contaminé par les projections de l'un ou de l'autre puisque chacun apprend à assumer la responsabilité de ses deux polarités.

Quand on se donne la permission de se nourrir et de déployer ses forces en dehors du nous, on ressent moins le besoin de boycotter l'autre qui suit le même cheminement. La force et la joie que l'autre découvre en exploitant ses richesses intérieures nous semblent moins menaçantes. Quand je m'estime profondément et que je reconnais ma propre valeur, l'éclat de l'autre ne porte plus ombrage à ma lumière. Dans la dynamique de l'ancien couple, les forces de l'autre sont perçues comme une menace, un rappel de notre pouvoir oublié ou nié. Comme sa joie, son bonheur ou ses réussites nous renvoient à nos manques, on peut avoir le réflexe de lui voler ses acquis ou de les dénier. On s'engage alors dans une lutte de pouvoir avec lui, pour tenter de rétablir le sentiment de sa valeur personnelle.

Dans le NOUVEAU COUPLE, les partenaires sont aussi prêts à s'accorder le temps nécessaire pour alimenter le lien amoureux. L'amour et la reconnaissance que je me donne, en répondant à mes propres besoins, vont m'amener à vouloir développer une nouvelle réciprocité. Dans l'esprit du NOUVEAU COUPLE, la différence de l'autre est une richesse qui féconde et nourrit le lien mutuel. Elle sert d'indicateur à nos propres forces cachées, à nos ressources à découvrir et à exploiter. Plus je me valorise dans mon unicité, plus je peux accueillir l'autre dans sa différence. Plus chacun approfondit le triangle de sa propre relation et développe son ouverture, plus il devient capable de demander l'aide et le soutien de l'autre, quand il se sent démuni et en manque. Dépassant sa honte et ses sentiments d'indignité, il est plus ouvert pour recevoir l'aide de l'autre et l'énergie positive de son soutien.

Cependant, quand la force du vécu émotionnel de l'un ou de l'autre déclenchera nos réflexes de survie et nous ramènera à nos peurs, on y verra l'occasion de revenir à soi-même pour les transformer. Au lieu de s'en vouloir ou de rendre l'autre responsable, on sera alors capable de se prendre en main. Plutôt que de couper la communication avec soi ou avec l'autre, on apprendra à utiliser les ressources de ses deux polarités pour définir et répondre à son besoin non comblé.

Les stratégies utilisées pour négocier avec le partenaire vont également se transformer. On apprend à développer des façons plus constructives de répondre à nos besoins du moment.

De nouvelles attitudes nous amèneront à élargir notre perception du conflit de façon à pouvoir l'utiliser pour grandir[5].

- *Se donner le droit de vivre des différends et des conflits.* Quand il est ouvert et franchi de façon constructive, le conflit devient un terrain propice à la croissance affective et au rapprochement pour le couple. En anglais, l'expression suivante est utilisée : *We agree to disagree* (On est d'accord pour ne pas toujours être d'accord.) Il importe de décontaminer les croyances limitatives qui nous emprisonnent dans une vision négative du conflit, le croyant trop douloureux pour être vécu. Il nous donne l'occasion de dépasser nos limites mentales sur ce qui est correct et acceptable pour l'évolution du couple.

- *Voir le conflit comme une occasion de se rapprocher de soi,* de se remettre sur la piste de ses véritables besoins. Le conflit signale toujours la détresse de notre enfant intérieur se sentant abandonné, rejeté ou envahi. Plutôt que de chercher à le protéger par la colère ou le repli sur soi, il faut lui donner le droit de se sentir vulnérable et blessé. Tout en le respectant dans sa fragilité, on s'organise pour prendre soin de lui, en répondant avec amour à ses besoins du moment.

Beaucoup de nos conflits relationnels seront des mises en scène créées pour nous mettre en contact avec certains de nos besoins inconscients. Peu habitué à s'observer de l'intérieur, on aura besoin de ce déclencheur pour ramener à la surface un besoin affectif réprimé. Ainsi, le conflit aura toujours une valeur positive dans la démarche d'apprendre à définir ses besoins et à les satisfaire d'une façon plus aimante (donc moins destructrice pour chacun des partenaires du couple).

- *Voir le conflit comme un outil, un moyen d'approfondir le lien avec le partenaire.* Plutôt que de stagner dans la dimension du conflit dans lequel les partenaires se referment et s'éloignent l'un de l'autre, il faut arriver à utiliser le conflit comme une occasion de s'ouvrir davantage à l'autre. Pour ce faire, chacun doit accorder à l'autre l'espace nécessaire pour entrer dans son ressenti. Puis, en dévoilant ces aspects intimes où l'on se sent blessé ou non respecté, on apprend à respecter le vécu de chacun. Cette ouverture sur nos vulnérabilités respectives contribue grandement à solidifier le lien qui nous unit à l'autre.

  Un conflit doit être ouvert; la répression émotionnelle conduit au ressentiment envers le partenaire. Les émotions lourdes, qui ne peuvent être révélées et traitées, contribuent à la lente détérioration du lien relationnel et éventuellement à sa rupture. Quand trop d'émotions négatives sont ainsi retenues en soi, tout rapprochement devient paniquant, car on est assis sur un volcan qui menace à tout instant de faire éruption.

- *Voir le conflit comme un défi incitant à développer la créativité du couple,* à unir les ressources de chacun pour arriver à une solution qui puisse satisfaire les deux partenaires. On pourra utiliser le terrain du conflit pour expérimenter de nouvelles façons de communiquer. Par exemple, un espace neutre peut être délimité, à l'intérieur duquel chacun ne fera que recevoir l'autre dans ses attentes ou dans ses peurs, en acceptant de taire momentanément ses propres réactions émotives. Quand l'interaction ne s'est pas déroulée comme on l'aurait voulu, on peut, comme au cinéma, se donner le droit à certaines reprises. Après avoir exprimé ses déceptions respectives sur le sujet, on accepte de part et d'autre «d'effacer et de recommencer», mais cette fois-ci, en exprimant à l'autre ses vrais besoins. C'est en écoutant et en dévoilant son ressenti, qu'on peut faire entrer l'autre sur le territoire de sa vulnérabilité.

Avec le temps et l'expérience, on arrive de plus en plus vite à définir ses besoins et à exprimer, au moment opportun, les peurs et les insécurités soulevées par nos interactions. Davantage dans notre véritable pouvoir, on peut alors répondre avec amour à nos besoins du moment, tout en restant centré et en harmonie avec l'autre.

Plus la relation avec soi-même est approfondie, moins on aura besoin du conflit pour nous signifier nos besoins non comblés. Dans ce nouvel espace relationnel, on développe aussi des moyens plus positifs de se rapprocher. Ainsi, il nous est plus facile de recevoir et de soutenir l'autre dans ce qui est important pour lui, même si son choix de priorités contredit le nôtre. Confiant dans ma capacité de prendre soin de moi, les besoins de l'autre ne font plus opposition aux miens. Moins responsable de combler les manques de l'autre, je me sens plus disponible à son égard pour l'écouter et l'accueillir avec compassion.

Dans cette ouverture du cœur, chacun expérimente le «donner» et le «recevoir». Comme j'apprends à me donner à moi-même, j'ai moins l'impression de m'appauvrir en donnant à l'autre. En devenant responsable de mes besoins, en apprenant à les combler de l'intérieur, je me rends, en même temps, plus disponible à recevoir ce que l'autre peut me donner.

Je reconnais que l'autre est aussi en cheminement, en apprentissage d'ouverture, en processus de se libérer de ses peurs. Plutôt que de lui adresser des reproches sur ses comportements d'éloignement, j'accepte qu'il ne puisse faire mieux, compte tenu de ses limites du moment. Je lui accorde le droit d'être temporairement fermé. Je comprends qu'il a besoin de cet éloignement pour revenir vers lui-même, pour définir ses peurs et ses besoins. En développant un amour envers moi-même, j'augmente ma capacité de disponibilité et de respect envers la différence de l'autre.

À travers la rencontre sexuelle, je me rends disponible à un échange encore plus profond et authentique avec l'autre. Loin de se limiter à un partage de sensations physiques agréables, l'expérience sexuelle nous ouvre à la dimension magique et sacrée de l'amour [6]. En m'ouvrant aux énergies subtiles de l'autre, je nourris également mon cœur et mon âme. Dans cette interpénétration de nos champs d'énergie, chacun s'abreuve à la source de l'autre et communie à son essence. Cette harmonisation aux énergies de l'autre nous ouvre aux dimensions cachées de notre être, alimentant notre propre synthèse intérieure. Par son énergie, chacun féconde l'autre, activant son processus de transformation.

Je me reconnais le droit d'être en cheminement, donc en apprentissage. Je ne perds pas de vue mon intention de grandir et de développer ma maturité affective à travers ma relation privilégiée. Dans cette optique, mon objectif n'est plus de faire de l'autre le partenaire idéal, ou d'avoir une vie de couple parfaite. Mon but sera plutôt d'arriver à me transformer à travers le véhicule privilégié de la relation.

Cet autre, que j'ai appelé à moi pour grandir, est uniquement dans ma vie pour m'apprendre l'amour!

CONCLUSION

L'être humain a, derrière sa programmation de survie et profondément enfoui au cœur de lui-même, un inestimable pouvoir de transformation encore peu exploité. Entraîné par la force de son conditionnement, l'être humain canalise souvent les forces vives de son être dans le changement extérieur croyant ainsi répondre à ses besoins de réalisation.

Le changement extérieur que l'être humain apporte à sa vie, reflète le système de croyances qui façonne sa perception de lui-même, colore ses ressentis et oriente tous ses comportements. Or, cette définition de lui-même et de ses possibilités est limitée et elle l'exclut de tout un registre de pensées, d'émotions et d'expériences. Tout ce qui ne peut être visualisé et imaginé possible dans sa programmation de base, ne peut être attiré à lui ou concrétisé avec succès dans sa vie. Dans le mouvement évolutif qui l'anime, de nombreux fragments de lui-même demandent à émerger.

Or, pour activer ce potentiel *endormi,* il faut d'abord y croire, puis le vouloir. Le NOUVEAU COUPLE est déjà présent en chacun de nous, à l'état de potentialité. Dans l'éternel présent de notre vécu global, celui qui englobe notre passé et notre futur, cette synthèse de nos polarités est déjà accomplie. Notre recherche de complétude et d'unité, à travers le couple et l'amour, illustre bien cette quête fondamentale de notre être voulant retourner à sa Source.

Pour aller à la découverte du précieux trésor toujours enfoui dans les profondeurs de notre âme, il faut abandonner certaines croyances de notre *cassette de survie*, surtout celles qui nous disent qu'on est abandonné des dieux, condamné à subir nos manques et impuissant à changer sa vie. C'est sur la base de notre pouvoir et de notre responsabilité retrouvés que se fonde le cheminement vers l'actualisation de ce potentiel.

Le plongeon que nous acceptons de faire dans les zones inconnues de notre être, mobilisera une grande partie de notre énergie et nous obligera à investir temps et argent en plus de l'ensemble de nos ressources intérieures.

L'entrée sur le territoire de nos peurs sera la plus difficile à vivre. Ce stade intermédiaire du cocon nous désorientera et nous basculera dans une impuissance totale. C'est la mort psychologique de la vieille forme qui permet la naissance du papillon. Dans les moments de panique, de désorganisation intérieure et de grande vulnérabilité, quand nous aurons le réflexe de tout lâcher, il faudra plus que jamais continuer à croire en la sagesse du processus. Le doute et l'incertitude créent des ouvertures aux messages du Soi.

Pendant ce travail d'enfantement, il importe de s'entourer de personnes et d'énergies permettant de nous ouvrir à notre vécu et de nous sentir reçus. Il sera alors important de respecter son senti et ses intuitions pour choisir ses amis et confidents. Quand on atteindra ses limites, il ne faudra pas craindre d'aller chercher de l'aide professionnelle et un soutien auprès de personnes elles-mêmes engagées sur cette voie de transformation.

Engagé dans le canal de la naissance, il arrive un moment où l'on commence à entrevoir la lumière au bout du tunnel. On a la certitude d'être sur le bon chemin, même si celui-ci est abrupt et que nos peurs sont encore présentes. Dans ces trop courts moments de percées, on éprouve des états de grâce. Dans la sécurité et la centricité alors éprouvées, on a l'impression de goûter à la paix et à la joie de vivre. Quand on commence à jouir ainsi des conséquences positives de cette première étape, il est alors plus facile de prendre de nouveaux risques. On sait désormais que la souffrance et les efforts ne sont pas inutiles.

Le voyage est loin de s'arrêter là. De nombreuses étapes restant encore à franchir avant de célébrer son mariage intérieur. À l'image de l'oignon dont il faut enlever une à une les pelures afin d'atteindre son cœur profond, le processus d'apprentissage semble sans fin. Quand on émerge d'une expérience douloureuse, on espère toujours que ce soit la dernière. Cependant le répit est bref : il semble toujours y avoir une autre couche sous la précédente. Une nouvelle expérience se prépare et demande à émerger. Dans ces éternels recommencements, on apprend le lâcher prise, la patience et l'humilité. Ces nouvelles couches se font toujours plus subtiles. Elles nous interpellent à des niveaux encore plus profonds de nous-mêmes, confirmant notre participation à de nombreux plans de conscience. Au grand livre de notre vie, de nombreux chapitres restent encore à écrire.

Alors que la première phase de la transformation nous permet d'apprivoiser notre polarité dormante, la seconde étape vise à harmoniser l'énergie de nos deux pôles. Dans une attitude de réceptivité reliée à la polarité féminine, on accepte plus facilement de s'ouvrir à la remontée des contenus intérieurs, accueillant les émotions et les peurs qui s'y rattachent. Puis, en utilisant les ressources de notre polarité masculine, on apprend à travailler avec l'énergie de ces contenus pour arriver à les intégrer à notre vécu.

La nouvelle stabilité de cette étape s'acquiert dans le constant mouvement d'informations qui s'échangent entre notre pôle masculin et notre pôle féminin. Un mouvement de va-et-vient ponctue ces échanges intérieurs de même que ceux qui s'opèrent dans notre vie extérieure. L'*acceptation* est le mot clé de cette étape. Dans ce nouvel espace évolutif, on est appelé à ouvrir toutes grandes les portes de son cœur et à pratiquer l'acceptation inconditionnelle. On apprend la compassion pour soi-même. Une attitude de lâcher prise nous permet d'être à l'écoute des besoins de tous nos corps. Cette relation, maintenue sur tous les plans de notre être crée l'abondance pour chacun d'eux : la santé et la vitalité sur le plan physique, l'amour et la joie sur le plan affectif, la créativité et l'inspiration sur le plan mental et la sérénité de l'éveil sur le plan spirituel.

Le couple sert de creuset alchimique dans le processus de transformation. Le lien amoureux crée des brèches dans nos mécanismes de défense (l'assurance protection de notre programme de survie). Lorsque l'on *tombe en amour,* ces mécanismes fluctuent de façon temporaire. On est alors plus perméable aux énergies de l'autre dont la force et l'intensité contribuent à réveiller les nôtres. La mise en scène est idéale pour nous basculer sur le territoire de notre manque affectif, dans notre blessure d'amour. D'ailleurs cet environnement physique et émotionnel créé par la relation amoureuse est en réalité un retour sur les lieux de notre souffrance la plus profonde. Si on accepte de rejouer ce scénario initial, c'est pour arriver à le transformer. Ce partenaire que j'appelle à moi pour me guérir m'oblige à me questionner. Sa différence me force à me regarder d'une façon nouvelle. Sa présence dans ma vie m'ouvre les yeux en me faisant voir une tout autre façon d'être, de savoir et de faire.

Alors que j'avais espoir qu'il guérisse ma blessure d'amour, je réalise, avec peine, qu'il en est absolument incapable. Lui aussi recherche l'amour de quelqu'un d'autre pour panser ses blessures. Mais aucun des deux ne peut donner à l'autre ce qu'il n'a pas! Dans ce retour forcé vers moi-même, je suis invité à assumer la pleine responsabilité de mon bonheur qui s'exprime à travers la guérison de ma blessure d'amour. Je récupère mon pouvoir de créateur quand j'apprends à me donner ce dont j'ai besoin pour vivre dans l'amour et l'abondance sur tous les plans. Cette authentique relation d'amour que je crée avec moi-même me rend plus compatissant au vécu de l'autre. Plutôt que de s'annuler mutuellement, nos forces respectives s'épanouissent et se décuplent au contact l'un de l'autre.

Le processus de transformation qui affecte le couple contemporain n'est pas limité aux relations intimes. On l'observe à l'échelle planétaire, dans les crises et les conflits qui secouent présentement nos institutions économiques, politiques et sociales. L'état de peur, de violence et de guerre observé mondialement reflète le déséquilibre intérieur de chacun des habitants de la planète. L'espoir que l'on porte de voir cesser la misère humaine et les conflits de toutes sortes découle de l'ouverture du cœur reliée à la transformation des programmations de survie.

Pour changer les conditions extérieures dans lesquelles évoluent les sociétés et les nations, chacun est appelé à transformer ses propres conditions de survie intérieure. La transformation individuelle conduit à des changements extérieurs très visibles. En changeant, les individus se sentent à l'étroit dans l'énergie des anciennes formes. Pour honorer leur transformation intérieure, ils créent de nouvelles structures, harmonisées à l'énergie qui les anime. Le changement des institutions est alimenté par l'énergie des individus qui les composent. L'engagement social contribue aussi à accélérer la transformation planétaire et individuelle. Mon implication extérieure sera sans cesse renouvelée et vivante si j'accepte de me regarder à travers elle. Si je consens à m'ouvrir pour recevoir ses enseignements, elle me parlera de mes limites et de mes espoirs, de mes états de fermeture et de mon impuissance. L'intérieur et l'extérieur se fécondent mutuellement. Ils sont engagés dans la même relation d'interaction que mon *Homme intérieur* et ma *Femme intérieure.*

Cette notion de responsabilité, à la base du NOUVEAU COUPLE et du processus de transformation, déborde la dimension du bonheur personnel pour s'étendre à l'ensemble des relations que nous entretenons avec nos semblables et avec notre environnement. Nous contribuons activement à l'éveil de la conscience sociale et planétaire quand nous acceptons d'être engagés dans le processus de notre propre transformation. La mutation profonde que subissent présentement le couple et les relations amoureuses s'inscrit dans la phase de destruction qui précède l'émergence et la création du NOUVEAU COUPLE. Cette nouvelle relation d'amour vécue avec soi-même et avec les autres est la semence à partir de laquelle on enfantera nos futures institutions et communautés sociales.

L'amour est l'énergie qui nous ramène tous à notre Source

NOTES

Chapitre 1

1. Largement documenté par Bowlby dans sa trilogie sur *L'attachement et la perte.*
2. Sur les notions de masculinité / féminité, voir J. Singer, *Androgyny* et Whitmont, *The Symbolic Quest,* chapitre 2. Pour approfondir leurs liens avec le développement de la personne, lire Hill, *Masculine and Feminine* et Cancian, *Love in America.*
3. A. Maslow, Une théorie de la méta motivation : les racines biologiques de la vie signifiante in Walsh et Vaughan, *Au delà de l'ego.*
4. Whitmont, *The symbolic Quest,* chapitre 14
5. Toute l'œuvre de M. Woodman traite du processus d'intégration des polarités chez la femme contemporaine. Lire surtout *The Pregnant Virgin* et *The Ravaged Bridegroom.* Aussi L. S. Léonard, *On the Way to the Wedding.* Dans leur écrits, les auteurs masculins traitent surtout de l'étape de différenciation qui précède la synthèse. À cet effet, voir Moore et Gilette, *King Warrior, Magician, Lover* et R. Bly, *Iron Men.*
6. Selon Mahler, processus de différenciation de la mère par lequel l'individu se perçoit comme un être séparé ayant son autonomie propre et son identité.
7. Les termes «FUSIONNEL» et «SOLITAIRE» ont été utilisés mais non développés par H. Hendrix dans son volume *Getting the Love You Want.*
8. Pour mieux comprendre les nombreuses implications de cette réalité sur nos vies, voir l'anthologie de Zweig et Abrams, *Meeting the Shadow.*
9. Titre du volume de H. E. Lerner.
10. Selon le *Dictionnaire de la psychologie* de Larousse, mécanismes psychologiques dont la personne dispose pour diminuer l'angoisse née de conflits intérieurs.
11. Pezé Jacques et Peter Roche de Coppens (1993), *L'alternance instinctive.* Montréal, Louise Courteau, éditrice.

Chapitre 2.

1. Ensemble des croyances, attitudes, émotions et comportements auxquels l'individu s'est identifié pour se protéger de la souffrance et assurer sa survie psychique et affective.
2. La notion de couple comme véhicule d'évolution psycho-spirituelle a été exposée par plusieurs auteurs depuis quelques années. Pionnier dans le domaine, voir les deux ouvrages de John Welwood, *Challenge of the Heart* et *Journey of the Heart*. Aussi Alan Mesher, *Journey of Love* et Eva Pierrakos, *Creating Union*.
3. Dans son dernier ouvrage, *The Path of Transformation*, Shakti Gawain aborde cette dimension de la relation comme miroir.
4. Pour une vision globale du processus de transformation, voir l'ouvrage des Grof, *The Stormy Search for the Self* et celui de Borysenko, *Fire in the Soul*.
   Pour une application du processus à la vie relationnelle, lire *On the Way to the Wedding* de Linda Schierse Leonard et *The Ravaged Bridegroom* de Marion Woodman.
5. Pour approfondir cette connexion psychique dans nos relations affectives, voir Stevens, *Relating psychically : Psychic Influences on Relationships*.

Chapitre 3

1. Pour approfondir ce jeu des polarités, voir Ferrier, *Dance of the Selves*, Hill, *Masculine and Feminine*, Pierrakos, *Creating Union*, et A. Desjardins, *Pour une vie réussie, un amour réussi*.
2. Empruntée à Ingerman dans *Soul Retrival*, cette expression illustre bien la phase de destruction nécessaire à la transformation. Dans *Stormy Search for the Self*, les Grof donnent une bonne documentation sur ce processus de mort-renaissance.
3. Images utilisées par Hill dans *Masculine and Feminine* pour illustrer ces étapes différentes du processus de changement.

Chapitre 4

1. Pour mieux saisir les enjeux de la projection positive et négative sur le processus de transformation, voir Colegrave, *By Way of Pain* et Lasalle, *La Voie de l'Amour*, chapitre 2.

2. Barbara A. Brennan, dans *Light Emerging*, développe amplement cette dimension énergétique des relations amoureuses.
3. Représentation mentale que l'individu a de lui-même. Image de soi.
4. Mécanisme psychologique d'incorporation par lequel l'individu imite et adopte inconsciemment les attitudes et les manières de penser d'un autre. *Dictionnaire de la Psychologie.*
5. Pour se familiariser avec les nombreux visages qu'empruntent nos énergies masculine et féminine, lire Ferrier, *Dance of the Selves.*
6. Pour approfondir ces différentes aspects du masculin et du féminin en soi, voir Whitmont, *The Symbolic Quest*, chapitre 2.
7. Inspirés pour la plupart de la typologie de Shostrum et Kavanaugh, ces modèles de couples sont loin d'être exhaustifs mais ont l'avantage de faire ressortir des dynamiques-types auxquelles la relation de couple nous confronte.
8. L'ouvrage de L. S. Leonard, *La fille de son père*, fait bien ressortir chez la femme cette identification à l'autre polarité.
9. Titre d'un volume de N. Friday sur les relations mère-fille.

Chapitre 5

1. À ne pas confondre avec séparation ou rejet. Il s'agit plutôt d'une étape de croissance par laquelle le FUSIONNEL poursuit son processus d'individuation.
2. Pour apprendre à se donner des frontières plus saines, lire l'ouvrage de Whitfield, *Boundaries and Relationships.*
3. Pour une étude captivante sur les différentes manifestations du mimétisme, lire Oughourlian, *Un mime nommé Désir.*
4. Ces expériences qui sont souvent vécues comme des pertes sont porteuses d'un immense pouvoir de transformation. Parmi les auteurs contemporains qui se sont penchés sur le sujet voir M. Young-Sowers, *Spiritual Crisis, C.* and S. Grof, *The Stormy Search for the Self* et J. Borysenko, *Fire in the Soul.*
5. Dans une conférence donnée au Forum de la Santé des Femmes, nous avons développé les caractéristiques d'une sexualité de décharge ou de recharge en fonction des modes relationnels et du jeu des polarités.

6. L'enfant intérieur représente la partie sensible, vulnérable et instinctive de notre être, celle qui est régie par l'émotion et la spontanéité. Pour une vision globale de ce nouveau concept en psychologie, lire l'anthologie de Abrams, *Reclaiming the Inner Child.*
7. Dans le chapitre 13 de son volume *Light Emerging*, Brennan développe une grille pour découvrir et éliminer ces contrats inconscients.

Chapitre 6

1. Pour approfondir cette notion d'énergie à travers nos différents corps et ses impacts sur la vie relationnelle, voir Griscom, *Ecstacy is a New Frequency.* Bondi et Altman, *Amour, sexe et clarté*, Gawain, *The Path of Transformation* et Brennan, *Light Emerging.*
2. Le volume de Sukie Colegrave, *By way of pain*, décrit bien ce processus de guérison par le chemin de la souffrance consciente.
3. Partie de soi qui néglige les besoins réels de notre enfant. Relié à notre côté logique et rationnel, le parent non aimant juge, critique et invalide le vécu de l'enfant. Il croit ainsi le protéger en le rendant plus acceptable aux yeux des autres. (Chopick et Paul)
4. Pour une perspective qui utilise le corps comme porte d'entrée au processus de guérison, lire Pierrakos, *Le centre énergétique de l'Être*, Lowen, *Spirituality of the Body,* Hoffman, *Play Ecstasy* et G. Roth, *Maps to Ecstasy.* S'expérimenter aussi avec *Le corps sensuel* de L. Lidell.
5. Le registre émotionnel ici présenté est une adaptation de la carte émotionnelle de Barbara De Angelis.
6. Pour se familiariser avec les nombreuses ramifications du corps émotionnel et de son processus de guérison, lire Griscom, *The Healing of Emotion,* et *Emotional Healing* de Paine-Guernée & Hunt.
7. Pour découvrir les subpersonnalités et apprendre à les mettre au service de sa vie affective et relationnelle, consulter les ouvrages de Hal et Sidra Stone.
8. Pour amorcer son processus de guérison à partir de l'enfant intérieur, deux approches qui se complètent harmonieusement : Chopich et Paul, *Healing your Aloneness* et M. Paul, *Renouez*

avec votre enfant intérieur de même que l'ouvrage de Lucia Capocchione, *Faites vivre votre enfant intérieur.*

9. Sur le pouvoir créateur de la pensée, lire A. Marquier, *Le pouvoir de choisir,* Anthony Robbins, *L'éveil de votre puissance intérieure, Vivre avec passion* de Gershon et Straub. Pour élargir les définitions de l'amour et de l'âme-soeur, voir Ramtha, *Les sessions : l'âme-soeur.*
10. L'ouverture aux énergies du corps spirituel se vit d'abord au quotidien dans le sens que l'on donne à nos souffrances, à nos pertes et à nos dépendances. À cet effet, lire Borysenko, *Fire in the Soul,* Young-Sowers, *Spiritual Crisis* et *The Thirst for Wholeness* de Grof. Pour s'éveiller à cette dimension intérieure, un ouvrage de grande qualité de Sanaya Roman, *Choisir la Conscience.*
11. Pour s'initier à l'exploration intérieure à partir de la relaxation profonde, lire *L'être Aplha* de H. Tietze.
12. Pour apprendre à travailler avec le contenu de nos rêves, se référer à l'ouvrage très créateur de la Québecoise Johanne Hamel, *De l'autre côté du miroir.*

Chapitre 7

1. Pour approfondir la notion d'amour comme processus, voir Schaeffer, *Loving Me, Loving You* et Welwood, *Journey of the Heart.*
2. Pour apprendre à se détacher du besoin de perfection, lire le chapitre 11 du volume de Brennan, *Light Emerging.*
3. Sternberg, *Love The Way You Want.*
4. Ce thème est habilement traité par Alexander Lorwen dans ses deux derniers ouvrages *Le cœur passionnément* et *Spirituality of the Body* et aussi par Rosenberg dans *Le corps, le Soi et l'Âme.*
5. À cet effet, lire Wile, *After the Honeymoon* et Campbell, *Beyond the Power Struggle.*
6. Pour s'initier à la dimension sacrée de l'amour et de la rencontre sexuelle, se référer à Ma Premo, *La Célébration Sexuelle,* P. Lasalle, *La Voie de l'Amour* et J. Henderson, *The Lover Within.*

BIBLIOGRAPHIE

ABRAMS, Jeremiah Ed. *Reclaiming the Inner Child.* Los Angeles, Jeremy Tarcher Inc, 1990.

BLY, Robert. *Iron John : A book about Men*, Reading, MA, Addison-Wesley, 1990.

BONDI, Julia & Nathaniel ALTMAN. *Amour, Sexe et Clarté.* J'ai lu : New Age, 1990.

BORYSENKO, Joan. *Fire in the soul, A New Psychology of Spiritual Optimism*, New-York, Warner Books, 1993.

BOWLBY, John. *Attachment and Loss : Vol. 1 Attachment*, New-York, Basic Books, 1969.

Attachment and Loss : Vol. 2 Separation : Anxiety and Anger. New-York, Basic Books, 1969.

Attachment and Loss : Vol. 3 Loss. New-York, Basic Books. 1973.

BRENNAN, Barbara. *Light Emerging. The Journey of Personal Healing* New-York, Bantam Books, 1993.

CAMPBELL, Susan M.. *Beyond the Power Struggle*, California, Impact Publishers, 1984.

CANCIAN, Francesca. *Love in America : Gender and Self Developpement.* New-York, Cambridge University Press, 1987.

CAPACCHIONE, Lucia. *Faites vivre votre enfant intérieur.* Québec, Stanké Parcours, 1994.

CHOPICK, Erika and Margaret PAUL. *Healing your Aloneness. Finding Love and Wholeness throught your Inner Child*, New-York, Harper & Row Publishers, 1990.

COLEGRAVE, Sukie. *By Way of Pain. A Passage into Self.* Vermont, Park Press Street, 1988.

DE ANGELIS, Barbara. *How to Make Love all the Time*, New-York, Dell Trade Publishing, 1987.

DESJARDINS, Arnaud. *Pour une vie réussie, un amour réussi*, Paris, La Table Ronde, 1985.

DESJARDINS, Arnaud et Véronique LOISELEUR. *L'audace de vivre.* Paris, La Table Ronde, 1989.

Dictionnaire de la psychologie, Paris, Larousse, 1989.

FERRIER, Loretta. *Dance of the Selves. Uniting the Male and Female Within*, New-York, Fireside, Simon & Schuster, 1992.

FRIDAY, Nancy. *Ma mère mon miroir.* Paris, Robert Laffont, 1979.

GAWAIN, Shakti. *The Path of Transformation : How Healing Ourselves Can Change the World,* California, Mill Valley, 1993.

GERSHON, David et Gail STRAUB. *Vivre avec Passion. Découvrez et utilisez vos forces intérieures*, Montréal, Le Jour, 1992.

GRISCOM, Chris. *Ecstasy is a New Frequency,* Santa Fe, New-Mexico, Bear & Company, 1987.

GRISCOM, Chris. *The Healing Emotion,* New-York, Simon & Schuster, 1990.

GROF, Christina and Stanislav. *Stormy Search for the Self. A Guide to Personal Growth through Transformational Crisis,* Los Angeles, Jeremy Tarcher Inc., 1990.

GROF, Christina. *Thirst for Wholeness. Addiction, Attachment and Spiritual Path,* San Francisco, Harper, 1993.

HAMEL, Johanne. *De l'autre côté du miroir : journal de croissance personnelle par le rêve et l'art,* Montréal, Editions Le Jour, 1993.

HENDERSON, Julie. *The Lover Within. Opening to Energy in Sexual Practice,* New-York, Station Hill, 1986.

HENDRIX, Harville. *Getting the love you want. A Couple's Guide,* New-York, Harper & Row Publishers, 1988.

HILL, Gareth S.. *Masculine and Feminine, The Natural Flow of Opposite in the Psyche,* Boston, Shambala, 1992.

HOFFMAN, Kaye. *Play Ecstasy. Le jeu de l'extase par le mouvement,* France, Entre Lacs, 1991.

INGERMAN, Sandra. *Soul Retrival : Mending the Fragmented Self through Shamanic Practices,* San Francisco, Harper, 1991.

LASALLE, Pierre. *La voie de l'amour. Evolution en couple et yoga de la dévotion,* Boucherville, Les Éditions de Mortagne, 1993.

LEONARD, Linda S. *The Wounded Womam : Healing the Father-Daughter Relationship,* Boston, Shambala, 1982.

On the Way to the Wedding. Transforming The Love Relationship Boston, Shambala, 1987.

LERNER, Harriet G.. *The Dance of Intimacy,* New-York, Harper & Row Publishers, 1989.

LIDELL, L.. *Le Corps Sensuel,* Paris, Robert Laffont, 1988.

LOWEN, Alexander. *Le coeur passionnément. Symbolique et physiologie de l'amour,* Paris, Tchou, 1989.

La spiritualité du corps. Pratique de la bio-énergie, France, Dangles, 1993.

MA PREMO et Gilles ETHIER. *La célébration sexuelle,* Montréal, Le Jour, 1990.

MALHER, Margareth, F. PINE, A. BERGNION. *The Psychological Birth of the Human Infant : Symbiosis and Individuation,* New-York, Basic Books. 1975.

MARQUIER, Annie. *Le pouvoir de choisir,* Québec, Les Éditions Universelles du Verseau, 1993.

MESHER, Alan. *Journey of Love. A Formula for Mastery and Miracles. Austin,* Texas, A Quartus Book, 1982.

MOORE, Robert and Douglas GILETTE. *King, Warrior, Magician, Lover. Rediscovering the Archetypes of the Mature Masculine.* San Francisco, Harper, 1990.

OUGHOURLIAN, J. Michel. *Un mime nommé désir,* Paris, Grasset, 1982.

PAINE-GUERNÉE, K. et T. HUNT. *Emotional Healing. A Program for Emotional Sobriety,* New-York, Warner Books, 1990.

PAUL, Margaret. *Renouez avec votre enfant intérieur,* France, Le Souffle d'or, 1993.

PEZÉ Jacques et Peter ROCHE DE COPPENS. *L'alternance instinctive,* Montréal : Louise Courteau, éditrice, 1993.

PIERRAKOS, John. *Le Centre Énergétique de l'Être Humain.* Paris, Sand, 1991.

PIERRAKOS, Eva and Judith SALY. *Creating Union. The Pathwork of Relationship,* Virginia, Pathwork Press, 1993.

RAMTHA. *Les sessions : l'Âme soeur,* Montréal, Editions du Roseau, 1991.

REID, Claire. «La vie affective, sexuelle et les modes relationnels» *Communication donnée au Forum de la santé des femmes.* Montréal, 1993

ROBBINS, Anthony. *L'éveil de votre puissance intérieure,* Montréal, Le Jour, 1993.

ROMAN, Sanaya. *Choisir la Conscience*. France, Ronan Denniel, 1990.

ROSENBERG, J. L.. *Le corps, le soi et l'âme*, Montréal, Editions Québec Amérique, 1989.

ROTH, Gabrielle. *Maps to Ectasy : Teaching of an Urban Shaman*, California, New World Library, 1989.

SCHAEFFER, Brenda. *Loving me, loving You*, St-Paul, Minn., Hazelden, 1991.

SHOSTRUM, Everett L. et James KAVANAUGH. *Between Man and Wowan, the Dynamic of Intersexual Relationships*, Los Angeles, California, Bantam Books, 1975.

SINGER, June. *Androgyny : The Opposite Within*, Boston, Sigo Press, 1989.

STERNBERG, Robert J. and Catherine WHITNEY. *Love the Way you Want It. Using your Head in Matters of the Heart*, New-York, Bantam Books, 1991.

STEVENS, S.. *Relating Psychically : Psychic Influences on Relationships*, California, Cassandra Press, 1988.

STONE, Hal and Sidra STONE. *Le dialogue intérieur : connaître et intégrer nos subpersonnalités*, France, Le Souffle d'or, 1991.

Embracing your Inner Critic : Turning Self-Criticism into a Creative Asset, California, Delos Inc., 1993.

TIETZE, Henry G.. *L'être Alpha*, Presses Pocket, Collection l'Âge d'Être #4738, 1992.

WALSH, Roger N. & Frances E. VAUGHAN. *Au-delà de l'égo. Le tout premier bilan en psychologie transpersonnelle*, Paris, La Table Ronde, 1984.

WILE, Daniel B.. *After the Honeymoon. How Conflict Can Improve your Relationship*, New-York, Jonh Wiley & Sons. Inc., 1988.

WELWOOD, John Ed.. *Challenge of the Heart. Love, Sex and Intimacy in Changing Times*, Boston, Shambala, 1985.

WELWOOD, John. *Journey of the Heart : Intimate Relationship and the Path of Love*, New-York, Harper Collins, 1990.

WHITFIELD, Charles L.. *Boundaries and Relationships. Knowing, Protecting and Enjoying the Self*, Florida, Health Communication Inc., 1993.

WHITMONT, Edward C.. *The Symbolic Quest. Basic concepts of Analitycal Psychology,* New Jersey, Princeton University Press, 1969.

WOODMAN, Marion. *The pregnant virgin. A Process of Psychological Transformation,* Toronto, Inner City Books, 1985.

The Ravaged Bridegroom. Masculinity in Wowan, Toronto, Inner City Books, 1990.

YOUNG-SOWERS, Meredith L.. *Spiritual crisis. What's Really behind Loss, Disease and Life's Major Hurts,* New-Hamphire, Stillpoint Publication, 1993.

ZWEIG, Connie and Jeremiah ABRAMS Eds.. *Meeting the Shadow. The Hidden Power of the Dark Side of Human Nature,* Los Angeles, Jeremy Tarcher Inc., 1991.

Pour communiquer avec l'auteure ou recevoir des informations sur les conférences, les cours ou les ateliers offerts par le Centre *Les Nouveaux Couples*, adressez votre correspondance à la maison d'édition et complétez le formulaire ci-dessous

Les Éditions Face-à-Face

481, Lac Saint-Louis, est
Saint-Zénon, Qc.,
J0K 3N0

NOM ______________________________

ADRESSE ______________________________

VILLE ____________________ PROVINCE __________

CODE POSTAL ______________ TÉL. ______________

000-0

Notes Personnelles

Notes Personnelles

Notes Personnelles

Notes Personnelles